Olivia Moogk

Beauty Feng Shui

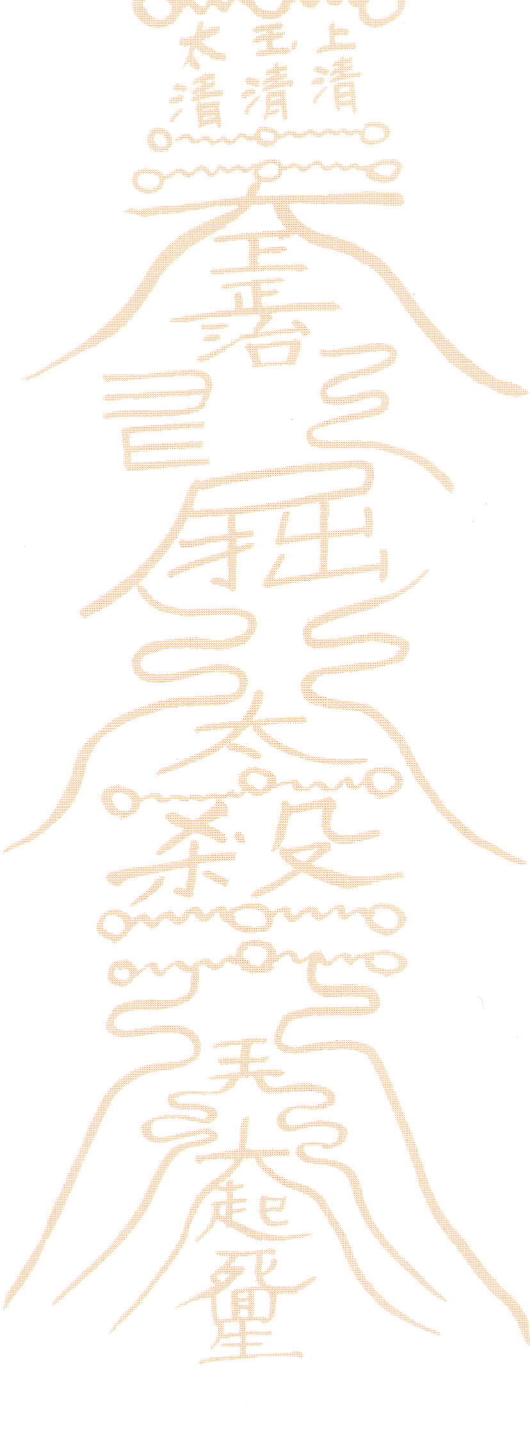
上清
玉清
太清

Olivia Moogk

Beauty Feng Shui

Die acht Säulen der Schönheit

SILBERSCHNUR

Alle nachfolgenden Hinweise sollten Kranke mit ihrem Arzt für Traditionelle Chinesische Medizin absprechen, der ihnen nach individueller Diagnostik Therapiehinweise geben wird.

Der Verlag dankt den folgenden Firmen für die Zurverfügungstellung von Bildmaterial

© Fotos: Domicil Möbel GmbH, Bäuerlingshalde 48, D-88131 Lindau
(Tel. 0 83 82 - 96 20 96 / Fax - 96 20 99)

© Fotos: Primavera Life, Am Fichtenholz 5, D-87477 Sulzberg
(Tel. 0 83 76 - 8 08-0)

© Fotos: Team 7 Natürlich Wohnen GmbH, Braunauer Str. 26,
A-4910 Ried (Tel.0 77 52- 9 77-0 / Fax - 977 333)

© Fotos: Haupt-Verlag, Bern
DAS GROSSE BUCH DES CHINESISCHEN HOROSKOPS
(Englischer Orginaltitel: THE COMPLETE BOOK OF CHINESE HOROSKOPES

ISBN 3-931 652-70-X

1. Auflage 1999
2. Auflage 2001

Cover- Innengestaltung: dtp XPresentation, Boppard

Druck: Kessler Druckerei, Bobingen

Verlag »Die Silberschnur« GmbH
Steinstraße 1 · D-56593 Güllesheim

www.silberschnur.de
e-mail: info@silberschnur.de

Inhaltsverzeichnis

Danksagung

Ich danke meinen chinesischen Lehrern für ihre Hilfe. Ihr Wissen machte es mir möglich, dieses Buch zu schreiben. Ich danke meiner Familie, die mich während des Schreibens ermunterte, unterstützte und mir ein Nest der Geborgenheit während vieler Wochen des Schreibens gab. Mein Dank gilt auch Frau Voss und Frau Heyer von der Beiersdorf AG - Nivea -, die mich 1997 motivierten, dieses Buch in die Realität umzusetzen und ihm den Titel „Beauty Feng Shui" zu geben. Für die Überprüfung des Kapitels über die Nahrung danke ich Frau Dr. Julia Kleinhenz aus Walluf. Ich danke Frau Dagmar Paleit und Christine Doll für ihre unermüdliche Lektoren-Arbeit, ebenso Ulrike Stapf und dem Verlag Silberschnur und seiner Lektorin Silva Jelen. Und ich danke Gott für die Führung, mit der dieses Projekt verwirklicht werden konnte. Meinen Dank auch an Herrn Wu, Erwin Schrecker und meinen Mann Hans Moogk für Bildmaterial. Mein spezieller Dank geht auch an Karin v. Pölnitz, die den weiten Weg aus Mallorca nicht scheute und sich für Fotoaufnahmen zur Verfügung stellte.
Möge dieses Buch allen Lesern ein Kleinod auf ihrem persönlichen Weg zur Schönheit sein und möge es die Herzen für die Feng Shui-Prinzipien öffnen.

Feng Shui Einführung

Feng Shui ist über 5000 Jahre alt und noch heute in den verschiedensten Ländern wie z.B. China, Hongkong, Malaysia, Kanada, Amerika, Australien und Singapur weit verbreitet.

Die Wurzeln des Feng Shui reichen weit zurück. Alte Inschriften auf Tierknochen bezeugen, daß man schon sehr früh um universale Zusammenhänge gewußt hat. Der älteste und umfassendste erhaltene Text (Huangdis *Klassischer Internist* oder *Kanon der Medizin*) verbindet theoretische und praktische Erkenntnisse, die auch in der Traditionellen Chinesischen Medizin angewandt wurden. Dieser Text wird auch heute noch als bedeutende Quelle angesehen, da er das Grundprinzip allen Wirkens von Lebensenergie erläutert: daß der Körper, genau wie der Kosmos, den Elementarkräften Yin und Yang unterworfen ist - zwei einander entgegenwirkenden Naturkräften, von denen die erste negativ, feminin und irdisch, die zweite positiv, maskulin und himmlisch ist. Gesundheit gilt als das Ergebnis eines ausgewogenen Gleichgewichts beider Kräfte im Körper, während Krankheit als Unausgewogenheit angesehen wird.

Viele Hinweise auf die Wirkung von Pflanzen erhält man aus dem Handbuch der Materia Medica, das von Li Shizhen stammt und im Urtext *Ben Cao Gang Mu* heißt. 11 000 Rezepte sind dort angegeben, die der Gesunderhaltung dienen sowie für ein langes Leben und Schönheit.

Im westlichen Denken besteht kein Zweifel, daß Rhizinus, Kampfer und Rhabarber therapeutisch wirksam sind. Dies sind nur einige Beispiele, die auch in den von den Chinesen empfohlenen Rezepten nachzulesen sind. Der Westen hat sogar die Pockenschutzimpfung von den Chinesen übernommen, ein Verfahren, das schon seit dem 16. Jahrhundert in China angewandt wurde. Im 2. Jahrhundert hatten die Chinesen außerdem die Narkose entwickelt, und seit dem 12. Jahrhundert konnte man sogar komplizierte Rückenbrüche mit Hilfe der sogenannten Hängelage behandeln.

Wörtlich übersetzt heißt Feng Shui: Wind und Wasser. Wind wird im Feng Shui auch als Yang- und Wasser als Yin-Energie bezeichnet. Yang und Yin befinden sich in ständiger Veränderung. Sie fließen zyklisch.

Das Wesen des Feng Shui geht von unsichtbar fließenden Energieströmen aus, die die Landschaft, das Haus und den Menschen durchströmen. Wie aus der Akupunktur bekannt und anerkannt, fließt Energie auf sogenannten Energiebahnen, den Meridianen, durch den Körper.

Unter den Ärzten in China gehört Feng Shui inzwischen wieder zum Alltag. Bei dieser Wissenschaft geht es nicht nur darum, den geeigneten Standort für Wohnhäuser zu finden, sondern auch darum, so viel wie möglich lebensfördernde Energie, Chi genannt, in die Umgebung zu bringen, um Gesundheit, Glück, ein langes Leben, Reichtum und Erfolg anzuziehen und zu positiver Ausstrahlung zu gelangen. Letzteres hängt noch heute mit der Schönheit zusammen, denn wer schön ist, hat in der Regel auch Ausstrahlung!

Die theoretische Grundlage des Feng Shui ist die gleiche wie in der Akupunktur, nämlich die Lehre der *Fünf Elemente*. So ist es nicht verwunderlich, daß Begriffe wie *sprudelnde Quelle*, *großes Tor*, *stiller Berg* oder *weiter Hügel* gängige Bezeichnungen für Akupunkturpunkte wie auch für Punkte in der Landschaft sind, gemäß dem Prinzip: wie außen, so innen und wie innen, so außen.

Schon Goethe sagte:

Müsset im Naturbetrachten
immer eins wie alles achten,
nichts ist drinnen, nichts ist draußen;
denn was innen, das ist außen.

(aus dem Gedicht Epirrhema)

Gebäude mit einem ungünstigen Feng Shui können zu Disharmonie, Gesundheitsproblemen und zu weniger Ausstrahlung und Schönheit führen. Der Pilz- und Bakteriengehalt in der Luft solcher Gebäude ist höher gegenüber gesunden Gebäuden und Räumen. Räume, die Menschen beflügeln, schöpferisch tätig zu werden, Räume, in denen Menschen sich in Geborgenheit und Lust lieben können, Räume, in denen Freunde gern lange verweilen, das sind Räume zum Wohlfühlen, mit Lebensqualität und Ausstrahlung. Ihre Bewohner prägen die Räume mit ihrem Tun, und die Räume prägen die Menschen in ihrem Sein. Die Form, Farbe, die Anordnung von Möbeln und die Raumproportionen, die Accessoires und der Inhalt der Schränke sind prägende Bestandteile des Raumklimas. Räume nehmen Emotionen auf und speichern diese in Holzmöbeln, in Stoffen, Teppichböden und Tapeten.

Alles, was Sie in die Waschmaschine stecken oder anderweitig gründlich reinigen können, können Sie von der Last der emotionalen Ereignisse befreien. Deshalb tut gelegentlich ein Tapetenwechsel gut, und eine Renovierung kann sprichwörtlich neuen Wind in die Wohnung tragen, nämlich neues *Feng*!

Ein gutes *Shui* erreichen Sie dadurch, daß Sie und der Innenraum wandelbar bleiben, so wie Wasser, das sich immer seinem Flußbett und den zeitlichen Faktoren anpaßt. Insgesamt werden *Feng* und *Shui* dafür sorgen, daß Wind - zum Beispiel frische Luft, und Wasser, beispielsweise die richtige Luftfeuchtigkeit - in Ihren Räumen herrschen. Ihr Wohlbefinden wird sich in Ihrer Haut widerspiegeln.

Ein schöner Mensch ist nicht schön im Sinne einer Definition des Zeitgeschmacks. Welche Vorschriften es auch immer gab und gibt, bedenken Sie, daß man noch vor hundert Jahren Reifröcke trug, um besonders das Hinterteil der Frau zu betonen. Es galt als schick und sexy. Dafür schnürte man sich die Luft ab, und die Frauen waren der Ohnmacht näher, als dem Lächeln, was somit ohnehin sehr gequält gewirkt haben muß. Oder denken Sie an die Nordafrikaner. Ich habe dort einige Zeit gelebt und ich entsprach nicht dem Schönheits-Ideal der dort lebenden Frauen. Im Hamam, dem Dampfbad, das man allwöchentlich besuchte und in dem man sich über alles austauschte, was Frauen nun mal interessiert, darunter auch Schönheits-Tips weitergab, habe ich viel gelernt. Wir färbten uns für den Glanz der Haare diese mit Henna ein. Es war Glanz und Pflege zugleich. Wir rubbelten uns mit der Bürste die Haut ab bis sie brannte, um anschließend warme Öle darauf zu geben, die dann besser einzogen. Alles das änderte nichts daran, daß ich zu dünn war: keinen Bauch, zu wenig Brust hatte und überhaupt an mir wohl nichts dran war. In Europa hatte ich mich als schön empfunden, vier Stunden weiter weg aber änderte sich dies nun schlagartig. Jahre später, als ich besuchsweise wieder dort erschien, wurde ich zunächst von den Frauen begrapscht und mit abwägenden Mienen, als ob sie beim Markteinkauf wären, befanden sie mich schließlich für gut. Hatte ich doch tatsächlich fast acht Kilo zugenommen und fühlte mich schrecklich dick! Jahre später studierte ich in China. Ich konnte hingucken wo ich wollte. Ich war einfach viel zu fett. Ja fett, wenn ich die dünnen, zierlichen chinesischen Studentinnen am Institut für Traditionelle Chinesische Medizin betrachtete, dann war ich dagegen so etwas wie eine Elefantenkuh. Nach meiner Rückkehr war ich in Amerika bei Judy Winter eingeladen, die die Vorsitzende der Herzinitiative Amerikas war. Sie kam gerade von einer Reise aus Washington, wo sie bei Ronald Reagan die Unterstützung für ihr Programm erhalten hatte. Mir fiel auf, daß ihr gepflegtes Aussehen nicht allein ihre Schönheit ausmachte, sondern es war das *gewisse Etwas*, das Charisma, die Ausstrahlung. Ja, dieses Strahlen blieb mir noch über Jahre hinaus in Erinnerung. Welch eine Frau! Im Vergleich zu ihr kam ich mir wie ein grauer Fels vor, mit Wissen gestählt, aber, in meinen Augen, ohne die von ihr ausgehende Anziehungskraft, Sex-Appeal, oder was auch immer man dafür hält. Muß man sich nicht in Anbetracht dessen fragen, was wirklich *schön* ist? Wer schreibt Schönheit vor? Schauen Sie sich berühmte Schauspieler an, auch Lisa Minelli ist beispielsweise eine ganz eigenwillige Schönheit. Aber sie und viele ihrer Kolleginnen haben gemeinsam, daß sie eine unverwechselbare Persönlichkeit und Ausstrahlung besitzen. So unverwechselbar, daß es egal ist, wie eng die Augen stehen, oder wie krumm oder lang die Nase ist. Sie sind zweifelsohne gepflegt, bewegen sich schön und geschmeidig. Sie wirken gesund und erfolgreich. Was aber macht ihre Anziehung, diese besondere Art von Ausstrahlung aus? Sind es die positiven Gedanken, ist es der Mut, zur eigenen Person zu stehen, sich selbst zu lieben und auch andere zu mögen? Die Ausstrahlung, die Strahlung aus sich selbst heraus, ist nach dem Physiker Popp nichts anderes als eine Aussendung von Biophotonen, sogenannten Lichtteilchenträgern. Biophotonen werden eingeatmet und über jede Pore unseres Körpers wieder ausgesendet. Also, das was man denkt, fühlt, für wahr hält, wie man sich ernährt, bewegt und wie man sein Wohnumfeld gestaltet, haben Auswirkungen auf die Ausstrahlung, die zu wirklicher, nämlich individueller Schönheit verhilft. Wußten Sie schon, daß jeder das persönliche Wohnumfeld wie ein Schneckenhaus mit sich herum trägt? Für die Ausstrahlung ist dementsprechend auch das Wohn-Umfeld eines jeden Menschen prägend.

Schönheit ist jederzeit erlangbar, indem Sie sich klar darüber werden, daß Sie allein die Wahl haben, Ihr Wohnumfeld neu zu gestalten, sich schön zu essen, sich ebenso zur Schönheit hin zu bewegen, Farben, Düfte oder Spaziergänge für die Erreichung Ihrer persönlichen Schönheitsziele einzusetzen.

In den folgenden Kapiteln werden Sie über die verschiedenen Säulen der Schönheit Hinweise finden, was Sie selbst z.B. mit Ernährung und Bewegung für Ihre Schönheit tun können, aber auch, wie die Farben, Gerüche und schließlich das Wohnumfeld Einfluß auf Ihre Schönheit nehmen. Beauty Feng Shui, das Feng Shui für Ihre Schönheit, verbessert nicht nur Ihre Ausstrahlung, sondern Ihr gesamtes Umfeld wird davon profitieren.

> **Schönsein heisst, Chi, die Lebensenergie, in sich zu aktivieren und zu kultivieren.**

1.

Säule der Schönheit:

Die Ernährung

Jeder Mensch ist ein einheitliches Ganzes. Er besteht aus Körper, Seele und Geist, diese Teile sind nicht voneinander zu trennen. Schönheit ist in jedem der Teile und wiederum in der Gesamtheit zu erkennen. Durch den Körper fließt auf den sogenannten Meridianen Energie, die nötig ist, um den Kopf zu drehen, zu lächeln oder die inneren Organe wie auch Muskelgewebe oder Lymphe mit Lebensenergie zu versorgen. In China bezeichnet man diese Energie als *Chi*. Es gibt vier Arten von Chi: das Meridian-Chi (Jing-luo-zhi-qi), das Nahrungs-Chi (Ying-qi), das Abwehr-Chi (Wei-qi) und das Atmungs-Chi (Zong-qi).

Sind diese Energien bzw. die Energiebahnen nicht blockiert, dann werden Organe, Gewebe und Zellverbände mit lebensspendender Energie durchflossen und ein harmonisches Zusammenarbeiten aller Körperteile ist möglich.

Versteht man es beispielsweise, mit der Nahrung die Energie des Körpers so zu lenken, daß unter Berücksichtigung jahres- wie auch tageszeitlicher Einflüsse Gesundheit und Schönheit ausbalanciert sind, dann sind Zufriedenheit und Glück ganz nah.

Yin und Yang

Grundlage der Beauty Feng Shui-Betrachtungen ist die Theorie von Yin und Yang, eine alte chinesische Philosophie, durch die die Menschen im alten China das Universum beobachteten und erklärten. Später wandte man diese Theorie auch auf den menschlichen Körper an und schuf damit die Basis des Feng Shui und der Traditionellen Chinesischen Medizin.

Als die Menschen die Veränderungen in der Umwelt, wie Tag und Nacht, Mond und Sonne, Wasser und Feuer, beobachteten, zogen sie daraus den Schluß, daß alles in der Welt seinen Gegenpol hat: zum einen Yin und zum anderen Yang.

Wenn das Yin im Übermaß vorhanden ist, dann wird das Yang zu schwach und umgekehrt. Ist es kalt, dann ist es gleichzeitig nicht genügend warm, sind aber beide Aspekte ausgewogen, dann empfindet der Mensch die Temperatur als indifferent, als ausgeglichen. Wer gerade sehr aktiv ist, ist nicht in seiner Ruhe. Wer in der aktiven Phase ist, ist nicht zugleich in der Ruhephase, oder wie Lao-Tse sagt:

Sein und Nichtsein erzeugen einander.
Schwer und Leicht vollenden einander.
Lang und Kurz gestalten einander.
Hoch und Tief verkehren einander.
Stimme und Ton sich vermählen einander.
Vorher und Nachher folgen einander.

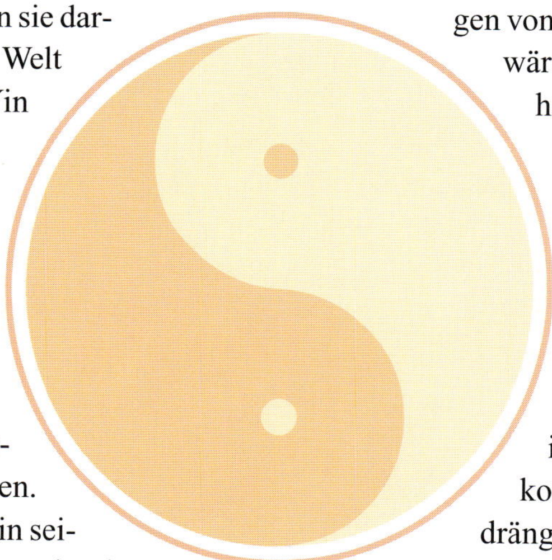

Lao-Tse beschreibt hier das Prinzip der organischen Veränderungen und der wechselseitigen Wirkungen von Yin und Yang. Yang bedeutet Aufwärtsbewegung, aus sich heraus zu gehen, Aufgehen, Wärme, Licht, Schnelligkeit u.a. Jede Abwärtsbewegung, Kälte, Dunkelheit, Ruhe und ähnliches gehört zum Yin.

Yin und Yang verdrängen sich gegenseitig. So ist es z. B. im Sommer sehr heiß, das heißt Yang ist auf seinem Höhepunkt angekommen. Nun kommt Yin und verdrängt Yang, es wird kühler, es wird Herbst. Ebenso ist es im Winter, wenn Yin bei großer Kälte seinen Höhepunkt erreicht. Dann kommt Yang, es wird wieder wärmer, der Frühling kommt.

Wenn die Chinesen von einer Fehlsteuerung im Bereich des Energieflusses reden, dann meinen sie das Prinzip von Yin und Yang. Diese Begriffe bedeuten auf dem Gebiet der traditionellen Chinesischen Medizin wie auch auf dem Gebiet des klassischen Feng Shui ein Zuviel bzw. ein Zuwenig, aber auch eine Über- bzw. Unterfunktion, wobei jeder Yang-Zustand etwas vom Yin und umgekehrt enthält.

Westlich betrachtet sind die zwei Begriffe vergleichbar mit dem Minus- und Pluspol, der Gegensätzlichkeit von Tag und Nacht, Wärme und Kälte, Sonne und Regen, Fülle und Leere, Innen und Außen. Das Leben spielt sich zwischen beiden Polen in der Bipolarität ab.

Daraus können wir folgern:

Yin und Yang sind einander immer entgegengesetzt.

Auch im menschlichen Organismus verdrängen sich Yin und Yang gegenseitig, um im Wechsel Gleichgewicht im Energiefluß zu erhalten.

Yin und Yang sind voneinander abhängig.

Yin und Yang sind einander nicht nur Gegensätze, die einander verdrängen, sondern sie sind auch voneinander abhängig. Die Voraussetzung für Yang ist die Existenz von Yin, umgekehrt ist die Voraussetzung für Yin die Existenz von Yang. Beide sind untrennbar miteinander verbunden. So gibt es keinen Himmel ohne Erde, oder keinen Tag ohne Nacht. Für den menschlichen Körper bedeutet das z. B., daß Yang die Funktion darstellt, während Yin die physische Substanz, z. B. die Organe, verkörpert. Wenn also die Organe gut funktionieren, können sie die Nahrung aufnehmen und den ganzen Körper mit Energie versorgen, was der Schönheit dienlich ist.

Sehen Sie nachfolgend weitere Eigenschaftszuordnungen von Yin und Yang:

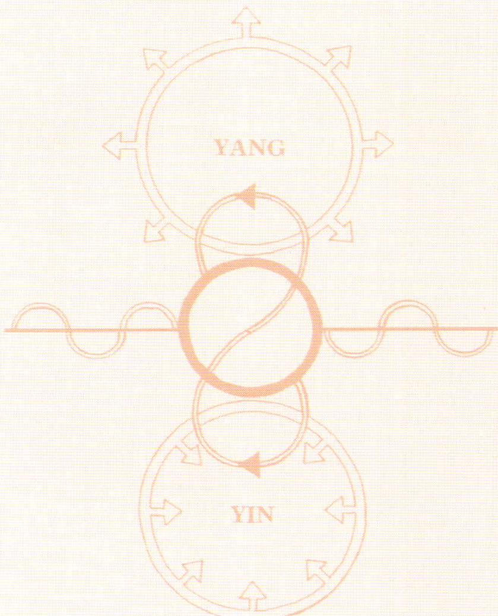

Yin	Yang
weiblich	männlich
ruhig	aktiv
kalt	warm
innen	außen
empfangend	gebend
vorn	hinten
unten	oben
feucht	trocken
weich	hart
geheimnisvoll	offen

Yin und Yang in der Nahrung

Wir Menschen sind wie die gesamte Natur eingebunden in den Prozeß des Werdens und Vergehens. Der Mensch hat im Gegensatz zur Natur ein eigenständiges „Ich“ erhalten. Es ist in der Lage, Dinge nicht nur verstehen, sondern auch verändern zu können.

Schon der Leibarzt von Goethe, Wilhelm Hufeland, wußte mit den Begriffen Yin und Yang umzugehen, führte er doch daraus resultierend die *Makrobiotik* in die Wissenschaft der Ernährung ein. Die körperlich-seelische Balance, die als Schönheit im äußeren Erscheinungsbild zu Tage tritt, wird nach Hufeland wie bei den alten Chinesen durch eine Yin-Yang- ausbalancierte Nahrung erreicht.

Auch der Japaner George Oshawa hat eine wahre Gesundheitsbewegung in Gang gesetzt und diese mit einer ganzheitlich-philosophischen Einstellung verbunden. Die Philosophie betrifft hier die Weltanschauung, die sich mit einer übergeordneten Instanz, die lenkend in unser Schicksal eingreift, befaßt.

Aus klassisch chinesischer Sicht liegt der Hauptnutzen der Erkenntnis von der Existenz des Gegensatzpaares Yin und Yang darin, die Mitte zu wahren und Extreme jeder Art zu vermeiden.

In der Ernährung gilt es, weder zu heiße, noch zu kalte Speisen zu sich zu nehmen. Übermäßiges Essen verstopft das Verdauungssystem und führt zur Verschleimung und zähem Chi-Fluß. Yin und Yang im Gleichgewicht zu halten bedeutet, daß die Aufnahme von Nahrung und deren Ausscheidung ausgewogen sind.

Aufbau und Regeneration von Gewebe müssen im Verhältnis zur Ausscheidung und dem Abbau von Giften und Abfallstoffen stehen.

Nachfolgend finden Sie Angaben zur Yin-Yang-Qualität verschiedener Nahrungsmittel.

Yin-Nahrungsmittel

Wenn es darum geht, innerlich zu kühlen, so greifen Sie zu Yin-Nahrungsmitteln. Yin-Nahrungsmittel sind solche, die nach ihrer thermischen Klassifizierung kalt oder kühlend auf das energetische System des Organismus wirken. Dazu gehören:

1515**Früchte** wie:
Bananen, Äpfel, Mango, Feigen, Ananas, Apfelsinen, Zitronen, Kiwi, Grapefruit, Rosinen.

Gemüse wie:
Gurken, Tomaten, Sellerie, Rettich, Kohlrabi, Kohl, Karotten, Kartoffeln.

Getränke wie:
Schwarztee, Mineralwasser, Pfefferminztee, Kamillen- und Baldriantee, Chrysanthemenblütentee, Ginsengtee, Kaffee, Mu-Tee, Zichorie-Kaffee, Brottrunk.

Getreide wie:
Reis, Weizen, Dinkel.

außerdem:
Joghurt, Zucker, Honig und Schokolade.

Yang-Nahrungsmittel

Wenn bei Ihnen ein Mangel an Vitalität, Antriebschwäche, zu niedriger Blutdruck, Unkonzentriertheit, Blähungen und Abwehrschwäche oder leichtes Frieren vorherrschen, so greifen Sie zu Yang-Nahrungsmitteln. Yang-Nahrungsmittel sind solche, die den Körper wärmen und das Chi des Organismus aufbauen. Das können sein:

Tees wie:
Ingwertee mit Süßholz, Yogitee, Fencheltee.

Suppen wie:
Lauchsuppe, Hühnersuppe, Ingwerbrühe.

Gemüse wie:
Lauchgemüse mit in Öl gebratenen Walnüssen, Frühlingszwiebeln, Lauch, Rettich, Zwiebeln, Fenchel, Kürbis, Süßkartoffeln.

Fleisch wie:
Hammel, Lamm, Ziege, Huhn und Grillfleisch jeder Sorte.

Getreide wie:
Buchweizen, Süßreis, Amaranth, Grünkern, Hafer.

Milchprodukte wie:
Harzer-Käse, Schimmelkäse, Münster-Käse, Ziegenmilch, Ziegenkäse und Schafskäse.

Kräuter wie:
Oregano, Rosenpaprika, Rosmarin, Wacholderbeeren, Thymian, Petersilie, Fenchelsamen, Zimt.

Getränke:
Kokosmilch, Getreidekaffee, Kakao, Honigwein, Likör, Korn, Whisky, Glühwein, Cognac, Reiswein und Rotwein.

Fische und Krustentiere wie:
Hummer, Shrimps, Thunfisch, Lachs, Langusten, Barsche, Aale, Forelle, Karpfen, Heilbutt, Sardinen, Hering, Scholle.

Eine ausgewogene Mahlzeit besteht zu etwa 50 Prozent aus Vollkorn-Getreide-Produkten, etwa zu einem Drittel aus Gemüse, insbesondere aus Salaten, Algen und Wurzelgemüsen, zu einem Zehntel Früchten und Nüssen, Yin, und wenn Sie mögen, auch Geflügel und Fisch, Yang.

Wenn Sie Ihre Kräfte zunächst regenerieren wollen, so sollten Sie sich von Fleischprodukten langsam entfernen und weniger davon essen. Nicht nur, daß der Mensch ist, was er ißt, z.B. den berühmten Schweinenacken bekommt, wenn er von diesem Teil Schwein viel gegessen hat. Er bekommt auch die Hühnerbrüstchen, nach viel Verzehr von Hühnern usw. Der gesamte Antibiotika- und Hormonzuschuß des Fleisches macht sich neben Angst und Degeneration der Massentierhaltung auch im Menschen bemerkbar. Die Aggressivität kann unter Schweinefleischkonsum zunehmen, die Haut wegen des Säureüberschusses picklig und feucht werden. Selbst der Schweißgeruch eines Menschen mit Hauptnahrungsfocus auf Fleisch ist schärfer und penetranter, als der von Vegetariern und solchen Menschen, die seltener Fleisch essen und dies dann auch von Bio-Bauern erhalten. Es gibt darüberhinaus noch ein energetisches Problem des Fleischkonsums: der Körper verbraucht sehr viel Energie, um die schwere Nahrung aufzuspalten und zu verwerten. Es entstehen eine Menge Reststoffe, die ein träger Darm, in der Regel, in den Darmwänden ablagern wird. Das macht eine fahle Haut und das Stimmungsbarometer sinkt. Um den Fluß von Chi im Körper zu erleichtern, braucht es auch leichtere, faserreiche und biologische Nahrungsmittel.

Passen Sie sich mit der Auswahl Ihrer Beauty-Nahrungsmitteln auch der jeweiligen Jahreszeit und Ihrem momentanen Wohlbefinden an.

Yang-Nahrungsmittel schützen vor allem bei Kälte im Winter (bei leichten Unterkühlungen auch im Sommer).

Yin-Nahrungsmittel sollten Sie bevorzugt in der warmen Jahreszeit zu sich nehmen, auch wenn Sie unter „Hochdruck“ stehen, gestreßt sind und sich nervös fühlen.

Indem man sich dem Erd-Rhythmus, dem natürlichen Tag- und Nachtzyklus der Erde anpaßt, verhält man sich immer schönheitsbewußt. Die Nachtphase ist nach chinesischer Auffassung die Yin-Phase und verlangt nach Ruhe in jeder Beziehung. Die Tagesphase ist die Yang-Phase und verlangt nach Aktivitäten und Nahrungsaufnahme. Alles was nach 19 Uhr verspeist wird (bei nachtaktiven Menschen ist dies später), wird zum Teil unverdaut ausgeschieden, zum anderen Teil wird das Blut übersäuert, so daß es zu gichtigen Ablagerungen in den Gelenken, Morgenmüdigkeit, geschwollenen Augen und Gelenken am Morgen kommen kann. All das macht nicht gerade schön!

Sommerliche Temperaturen

Ist es sommerlich warm und Sie dadurch in einer „yangigen“ Verfassung, d. h. daß Sie zum Beispiel hektisch-nervös sind und eher zu Bluthochdruck neigen, dann sollten Sie Fisch, Fleisch und Geflügel weglassen, den Anteil an Getreide vermindern und mehr Gemüse der Yin-Palette essen.

Winterliche Temperaturen

Wenn die winterlichen Temperaturen einkehren, das Wetter feucht und kühl ist und Sie eher zu niedrigem Blutdruck und Antriebsschwäche neigen, dann essen Sie mehr Vollkorngetreide und Yang-Gemüse, verzichten aber auf Früchte und Nüsse.

Eine Ernährung, die auf Getreide aufbaut, sorgt für die Balance der körperlichen und geistigen Kräfte. Eine Ernährung, die Gemüse und Obst aus der Region bevorzugt, verbindet mit der Erde des Ortes und den dort lebenden Menschen.

Früchte, Gemüse und Wildkräuter aus dem eigenen Garten oder der Natur fördern nach den Regeln des Feng Shui die Abwehrkräfte. Die Wildkräuter gedeihen in Ihrem Garten am besten, die Sie gerade für Ihr Wohlergehen benötigen. Achten Sie einmal selbst auf diesen Zusammenhang.

Selbstredend sind Lebensmittel, die mit Liebe und Achtung vor der Natur gezogen und gezüchtet werden, ohne Kunstdünger und Pestizide behandelt werden, anderen Produkten vorzuziehen. Sie sind kein Abfallbehälter! Ihr „Ich“ kann schon beim Einkauf bewußt die Entscheidung fällen und die Verantwortung für Ihre Schönheit übernehmen, denn diese liegt ganz in Ihren Händen. Das ist Feng Shui im ganzheitlichen Gedanken! Der Einsatz neuer Energiesysteme macht es möglich, natürliche Nahrung hervorzubringen. Es gibt bereits Wasser-Wiederbelebungs-Systeme, die Ur-Impulse lebendigen Wassers und kosmische Energie enthalten, um in der Landwirtschaft eingesetzt, dort weniger Düngemittel zu verbrauchen und ganz auf den Einsatz von chemischen Mitteln verzichten zu lassen. Sie können solche Wassersysteme sogar für Ihren Haushalt benutzen und so ein Wasser erhalten, das nicht nur Ihre Geräte vor Kalk schützen wird, sondern auch Ihre Haut aufblühen läßt und mit neuer Energie auftankt.

Was Sie vermeiden sollten

Natürlich sind alle Nahrungsmittel mit hohem Zuckergehalt zu vermeiden. Sie verbrauchen mehr Mineralien zu ihrem Abbau, als zugeführt werden und fördern das Übermaß an Yin im Körper. So kann es zu aufgeschwemmtem Gewebe kommen und zu Fettdepots an unerwünschten Stellen. Auch werden niedriger Blutdruck, Erkältungskrankheiten, Zahnverfall, Arthrosen und Akne-Haut begünstigt.

Milch und Milchprodukte sind schwer verdaulich. Trotzdem verträgt ein gesunder Organismus auch diese in kleinen Mengen.

Den Schweizern wird ebenso wie den Franzosen, die viel Käse essen, nachgesagt, daß es gerade dieser sei, der sie langsam und behäbig machen würde.

Die Acht Achtsamkeiten

Von sich selbst viel zu fordern, heißt in diesem Fall, an der eigenen Einstellung zu sich, seinem Körper, seiner Schönheit und Gesundheit zu arbeiten. Ich lade Sie ein, mir auf den Weg durch die Beauty Feng Shui-Ernährung zu folgen.

Chang Ming ist die taoistische Empfehlung, die zu langem Leben, Gesundheit und Schönheit verhilft. Die Acht Achtsamkeiten werden in der Chang Ming-Ernährung berücksichtigt:

> *Fordere viel von dir selbst und*
> *erwarte wenig von anderen.*
> *So bleibt dir viel erspart.*
>
> *Konfuzius*

- Essen Sie natürliche Lebensmittel. Natürlichkeit der Speisen ist das oberste Gebot, da sich anderweitig zu viele Schlackstoffe im Gewebe ablagern.

- Hören Sie auf zu essen, noch bevor Sie satt sind und gönnen Sie Ihrem Körper Zeit, in der er verdauen kann, ohne daß Sie bereits Neues hinzufügen.

- Beobachten Sie Ihre körperlichen Reaktionen auf Lebensmittel. Sollte der Puls rasen, Schweißausbrüche oder Juckreiz auftreten, dann ist es besser, diese Lebensmittel zu meiden und mit einem Arzt über diese Beobachtungen zu sprechen.

- Trinken Sie, wann immer Sie Durst haben, über den Tag verteilt, zirka einen Liter, zwanzigminütig abgekochtes Wasser, das den Körper besser reinigt und durchfeuchtet als kaltes Wasser.

- Kauen Sie jeden Bissen gründlich und sprechen Sie Ihren Dank für die Nahrung aus. Segnen Sie das Mahl. Es wird Ihnen besser bekommen!

- Richten Sie Ihre Mahlzeit, ob allein für sich oder mit anderen, immer appetitlich und als Augenweide an. Das fördert die Verdauungssäfte und die Freude auf das Essen.

Foto: Domicil

- Gönnen Sie Ihrem Körper von Zeit zu Zeit einen Reistag. Fasten kann eine schwache Milz zusammenbrechen lassen. Deshalb sollten Sie nur unter ärztlicher Aufsicht fasten. Wenn Sie gesund sind und an einem festgelegten Tag fasten, oder nach einem opulenten Mahl, dann kann der Körper besser Giftstoffe abbauen. Verschönern Sie sich die Fasten-Tage mit einer Belohnung, vielleicht gehen Sie zur Kosmetik oder zum Schwimmen und Saunieren. Gehen Sie möglichst an diesem Tag früh schlafen.

- Essen Sie nur, wenn Sie Hunger haben. Der Magen liebt wirklich Regelmäßigkeit, stellen Sie ihn auf drei Mahlzeiten pro Tag ein. Vermeiden Sie die Häppchen zwischendurch.

- Wollen Sie abnehmen, so schreiben Sie sich über einen Zeitraum von einer Woche oder länger jeden Bissen auf, das ist eine gute erzieherische Maßnahme!

Schon der römische Schriftsteller Valerius Maximus, der im 1. Jahrhundert gelebt hat, und der selbst wahrscheinlich über 100 Jahre alt geworden ist, sagt dazu:

„Die Mäßigkeit ist ein Baum, dessen Wurzel Genügsamkeit heißt und dessen Früchte Gesundheit und Zufriedenheit sind".

Die Chinesen und einige andere asiatische Völker sind dafür bekannt, daß sie Mäßigkeit zu ihrem obersten Gebot in der Ernährung erhoben haben. So ißt man noch heute auf dem Lande hauptsächlich Reis und gekochtes Gemüse, nur manchmal Früchte und trinkt täglich grünen Tee.

Beauty Feng Shui rät:

Schön sein und schön bleiben erfordert nach dem taoistischen Grundgedanken, den auch westliche Wissenschaftler bestätigen, unsere veranlagte „Lebensbatterie" von mindestens 120 Lebensjahren, durch mäßiges Essen und Trinken, gutes Atmen, positives Denken und viel Bewegung an frischer Luft immer wieder aufzuladen.

Die Fünf Wandlungsphasen

Lassen Sie mich Ihnen einen weiteren Punkt der Beauty Feng Shui Grundlagen, die Fünf Wandlungsphasen, vorstellen.

Die alten Chinesen wußten, daß die Welt aus vier Elementen besteht, aber mit Hilfe der fünf Wandlungsphasen konnten alle funktionellen Beziehungen erklärt werden. Die fünf Wandlungsphasen bestehen aus Feuer, Erde, Metall, Wasser und Holz. Die Theorie der Fünf Elemente, oder Wandlungsphasen, übertrugen sie auch auf den menschlichen Körper, um das Verhältnis zwischen den einzelnen Teilen des Organismus zu beschreiben.

Man fand heraus, daß diese Fünf Wandlungsphasen in ständiger Bewegung, Veränderung, Kontrolle, Verdrängung und gegenseitiger Unterstützung wirken.

Die Fünf Wandlungsphasen sind:

Feuer
Erde
Metall
Wasser
Holz

Da die Begriffe der Elemente und Wandlungsphasen gleichzusetzen sind, lassen Sie uns mit dem Begriff Element fortfahren.

Zum Element Feuer gehören:

Organe/Meridiane:	Dünndarm, Herz, Kreislauf und Dreifach-Erwärmer (Gefäßregulator) Zunge
Jahreszeit:	Sommer
Uhrzeit:	11 - 15 Uhr

Zum Element Erde gehören:

***Organe/Meridian*:** Magen und Milz-Pankreas; Mund

***Jahreszeit*:** Spätsommer

Uhrzeit: 7 - 11 Uhr

Zum Element Metall gehören:

***Organe/Meridiane*:** Dickdarm und Lunge; Haut

Jahreszeit: Herbst

Uhrzeit 3 - 7 Uhr

Zum Element Wasser gehören:

***Organe/Meridiane*:** Niere und Blase; Ohren

Jahreszeit: Winter

Uhrzeit: 15 - 19 Uhr

Zum Element Holz gehören:

Organe/Meridiane: Gallenblase und Leber; Gelenke, Augen

Jahreszeit: Frühling

Uhrzeit: 23 - 3 Uhr

Im jahres- und tageszeitlichen Rhythmus durchwandern Natur und Mensch die Energien des Feuers, der Erde, des Metalls, des Wassers und des Holzes.

Sollten Sie sich beispielsweise für eine Regenerationskur der Leber und Galle, des Stoffwechsels und der Gelenke entschließen, dann ist das Frühjahr die beste Zeit für eine Regenerationskur (niemals fasten Sie bitte im Herbst oder Winter!). Wenn Sie Tees für die Schönheit trinken, oder ein Bad für die Regeneration der Haut nehmen wollen, so können Sie sich zum Teil nach den oben angegebenen Uhrzeiten richten ausgenommen die Nachtzeiten. Zu den oben angegebenen Zeiten sind die Meridiane (Energieleitbahnen) mit Maximalenergie versorgt. Anwendungen von außen und innen wirken in dieser Zeit am besten. Sollten Sie andere, individuelle ärztliche Empfehlungen bekommen haben, so sollten Sie sich selbstverständlich danach richten.

Gesund und schön bleiben durch das Verständnis der in der Natur wie im Menschen gleichermaßen existierenden Elemente, ist das Motto von Beauty Feng Shui.

Die Elemente werden auch Wandlungsphasen genannt, da sie sich im ständigen Wandel miteinander befinden. Gesund zu bleiben und sein seelisch-geistiges Gleichgewicht in den Kräften von Yin und Yang sowie den fünf Elementen zu finden, ist das Bemühen einer Ernährung, die die Schönheit fördert. Ist doch gerade unser Äußeres ein Spiegelbild unserer Gedanken, Emotionen, Lebenseinstellung, der Lebensräume, von Ernährung und Bewegung.

Nach Auffassung der chinesischen Medizin ist es wichtig, alle Elemente zu erspüren, zu erleben, sie zu beleben und keinem dieser Elemente zu viel oder zu wenig Beachtung zukommen zu lassen.

Wie kommt es, daß allmorgendlich unsere Darmentleerung funktioniert, am Mittag unser Magen auf Hochtouren läuft und unsere Stimmung bestens ist, wenn sich der Tag auf seinem Höhepunkt befindet. Warum nimmt nach ein Uhr nachmittags die Energie des Tages wieder ab, warum ist es nötig, sich eine Pause zu gönnen?

Diese Zeitzyklen sind nicht nur im Beauty Feng Shui-Sinne wichtig. Der Zeitfaktor ist es, der uns mit den Jahren älter aussehen läßt. Oder ist es nicht viel mehr das Leben außerhalb des Rhythmus, das Tun zur falschen Zeit? Die innere Uhr der Organe lädt uns ein, am Morgen aktiv zu sein, am Mittag ein Mittagsschläfchen zu nehmen und am Abend eine Phase der Ruhe und Regeneration einzulegen. Alle zwei Stunden bemerken wir eine kurze Energiepause vor dem nächsten Energieschub. Wenn Sie diese verspüren, geben Sie am besten Ihrem Gefühl nach, machen ein paar Übungen an frischer Luft, setzen oder legen sich für fünf bis zehn Minuten hin. In einigen Betrieben wird inzwischen dieser Rhythmus beachtet, dort gibt es alle zwei Stunden fünf Minuten Extrapause. Das fördert die Zufriedenheit und Ausgeglichenheit, die Konzentration und die Produktivität - wie Studien belegen!

So wie die Elemente im Jahreslauf, so wechseln auch die energetischen Zustände im Körper. Wenn täglich, alle zwei Stunden, ein Organsystem im Körper besonders mit Energie durchflossen wird, können sich in dieser Zeit weniger gut funktionierende Organsysteme bemerkbar machen, wie beispielsweise das Herz, welches in der Mittagszeit, wenn die Maximalenergie zwischen 11 und 13 Uhr einfließt, oder um Mitternacht, wenn es am wenigsten Energie besitzt, sich in Form von Schmerzen bemerkbar machen kann. Sehen Sie die nachfolgende Skizze:

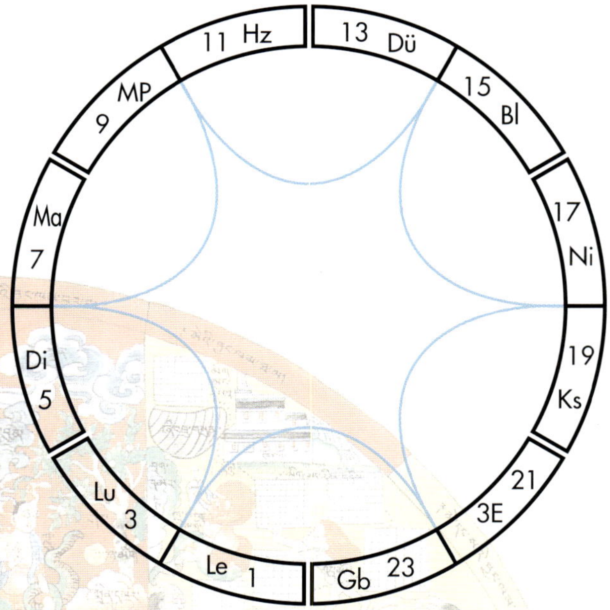

Der Schlaf vor Mitternacht ist wahrlich schönheitsfördernd. Wir alle wissen, wie man am Morgen aussieht, wenn man gut und lange geschlafen hat. Wenn Sie auf die Organ-Uhr schauen, dann entdecken Sie die Organzeiten der Gallenblase und Leber. Diese Organe und Meridiane erholen sich während der Zeit zwischen 23 und 1 Uhr nachts. Sie werden mit Maximalenergie durchspült, weshalb man auch diese Zeit möglichst mit leerem Bauch im Bett verbringen sollte. Auf diese Weise ist der morgendliche Blick in den Spiegel eine Freude.

Der Darm sollte sich pünktlich zu seiner Zeit am Morgen zwischen fünf und sieben Uhr melden, der Frühstücksappetit zwischen sieben und neun Uhr eintreten usf. Dies alles läuft nach einem individuellen und doch fast zeitgleichen Plan bei jedem Menschen ab, so wie die Natur ihren Jahreszeitenwechsel in ganz bestimmten Rhythmen vollzieht.

Die Zeit des ***Frühlings*** entspricht in der chinesischen Denkweise dem Hervorbringen von Holz. Bäume und Sträucher treiben aus und aus der noch kalten Erde kommen die ersten Schneeglöckchen hervor.

Der ***Sommer*** wird mit dem Element Feuer in Verbindung gebracht, mit Trockenheit und Hitze. Sie sollten kühlende Lebensmittel essen, die Haut beispielsweise mit Aloe Vera verwöhnen, um die Feuchtigkeit zu erhalten und kalte Bäder nehmen.

Im **Spätsommer** dann beginnt die Hitze abzunehmen, das Element Erde wird wirksam und das Jahr geht in den ***Herbst*** über, die Metall-Zeit, die sehr kühl und windig wird und schließlich in die kalte Winterzeit, die Zeit des Wassers, übergeht.

Im ***Winter*** wird es Zeit, sich am Ofen zu wärmen, z.B. in die Sauna zu gehen und Ingwer-Tee zu trinken und beispielsweise die innerlich wärmenden Hühner-Suppen zu essen.

Frühling, Sommer, Spätsommer, Herbst und Winter - der Kreislauf der Natur ist geschlossen, in unserem Denkmodell der taoistischen Philosophie des „Tao", des einen, des Ganzen, haben wir mit den Jahreszeiten einen Entstehungs- und Vergehensprozeß angeschaut.

Frühling - Holz

Sommer - Feuer

Spätsommer - Erde

Herbst - Metall

Winter - Wasser

Sie können aktiv die Energie Ihrer Organsysteme unterstützen:

- Mit Übungen an der frischen Luft können Sie bewußt den Ein- und Ausatmungsprozeß beschleunigen und die Lungenenergie stärken.

- Mit der Aufnahme und Abgabe von Körperflüssigkeit wird die Blasen- und Nierenenergie aufrechterhalten, weshalb sich so manche spezielle Tee-Trinkkuren als ein wahrer Segen der Schönheit herausstellen.

- Mit Frühjahrskuren, die der Entgiftung über die Leber- und Gallenblase dienen, wird man seinen Organismus entschlacken und Raum für Verjüngungsprozesse schaffen.

Alle Stoffwechselvorgänge sind Verbrennungsprozesse, für die einerseits Energie benötigt wird, andererseits Energie in neuer Form entsteht. So kann sich innerhalb von zwei Jahren der Körper in vielen Bereichen regenerieren, alle sieben Jahre im Zellverband total erneuern. So zeigen sich schließlich nach zwanzig Jahren die Auswirkungen einer gesunden oder weniger gesunden Lebensweise. Der Alterungsprozeß setzt nicht zwangsläufig mit zunehmenden Jahren ein. Sie können noch heute und jetzt beginnen, Ihre lieb gewordenen, aber verschlackenden Eßgewohnheiten neu zu überdenken und den Schönheits-Grundstein für die nächsten Jahre zu legen. Ein Alterungsprozeß setzt nicht zwangsläufig mit zunehmenden Jahren ein. Ein Mensch mit sechzig Jahren kann ein sehr energievoller, ausgeglichener Mensch sein, der mit sich und seiner Umwelt im Einklang ist. Dann strahlt er auch von innen heraus Kraft, Freude und Gesundheit aus, was sich in seinem intakten Körpersystem und einem blendenden Aussehen widerspiegelt.

Mit den Fünf Elementen im Einklang zu sein, bedeutet, sich nicht für hypochondrisch zu halten, wenn einem Warnsignale wie hoher Blutdruck, Nachtschweiß, kalte Füße, Kopf- und Gliederschmerzen auffallen. Diese Signale sind ernstzunehmende Hinweise auf Störungen im Lebensenergiekreislauf der fünf Elemente. Falsche Ernährung, ungenügender Schlaf, eine unrhythmische Lebensweise, negative Gedankensysteme, eine ungesunde, nur materiell und egoistisch orientierte Lebensweise, können zu ernsten Störungen führen. Die Schönheit leidet dann ersichtlich.

Sprüche wie „Das hat doch jeder", „Das ist normaler Verschleiß", „Da kann man sowieso nichts machen", solche Sprüche kann sich ein mikrokosmisches System, der Mensch, eingewoben in die makrokosmischen Gesetzmäßigkeiten, nur auf Kosten seiner energetischen Gesundheit leisten.

Die Weisen des alten Chinas haben vielfältige Hinweise gegeben, wie man sein Gleichgewicht beibehält. Dazu gehört auch, daß man den Bedürfnissen der fünf Elemente in sich nach verschiedenen Geschmäckern auch nachgibt. Wer sich immer nur süß ernährt, vernachlässigt die anderen Elemente in sich und es muß zu einer Dysbalance führen, die sich in fahler Haut, welkem Gewebe und atonischer Muskulatur bemerkbar machen kann, aber auch zu viel Salz kann zu Unausgewogenheiten führen. So heißt es im Nei Jing beispielsweise, daß zu viel Salz den Puls träge mache und die Haut an Vitalität verlieren würde. Bei zu viel Bitterem würden die Haare ausfallen und die Haut austrocknen, wie dies zum Beispiel durch den Genuß von viel Kaffee und Süßigkeiten passieren kann. Übermäßig Saueres würde die Leber dazu anregen, übermäßig viel Speichel, zu ungunsten der Milz, zu produzieren.

Überwiegt der Geschmack des Scharfen, so kann der Geist beeinträchtigt und der Puls und die Muskeln schwach werden.

So lassen Sie uns gemeinsam in das Nei Jing (Buch der chinesischen Medizin) schauen und die fünf Geschmäcker beleuchten.

Reisen der fünf Geschmäcker aus dem Nei Jing

Sauer reist zur Leber,
scharf reist zur Lunge,
bitter reist zum Herzen,
salzig reist zu den Nieren,
süß reist zur Milz.

Die Nahrung des Herzens

Für geistige Klarheit und strahlende Augen

Gefühle von Freude und Glück sind die Nahrung des Herzens und mit dem Feuer-Element verbunden. Ebenso sind sexuelle Lust und ausgeglichene Gefühle in zwischenmenschlichen Beziehungen das Resultat eines gut balancierten Feuers.

Um Freude, Glück und strahlende Augen auf lange Sicht zu erhalten, sollten Sie Schädigungen des Systems durch Speisen vermeiden, die zu Fett- und Cholesterinüberschuß führen. Fleisch, Eier und Molkereiprodukte sollte man reduzieren. Günstig sind Getreide, Rosenkohl, Lauch, Erdbeeren, Himbeeren, Schnittlauch und leicht bittere Nahrungsmittel wie Löwenzahn und schwarzer wie auch grüner Tee. Kaffee hingegen ist stark bitter und der Feind des Herz-Yin. Zum Tonisieren in leichtem Maße kann er für das Leber-Chi eingesetzt werden. Wenn Sie aber mehr als nur eine Tasse am Tag trinken, so kann unter Streßbedingungen das Herz-Yin, die Energie des Herzens leiden.

Deshalb gilt: Bevorzugen Sie eine Abwechslung der guten Nahrungsmittel und trinken Sie möglichst wenig Kaffee.

Ist die Nahrung zu bitter, trocknet die Haut aus und Haarausfall kann die Folge sein. Der bittere Geschmack kommt in Heilpflanzen, Gewürzen und Blattgemüsen vor. Integrieren Sie *bitter* in Ihren Speiseplan, aber halten Sie die fünf Elemente im Lot.

Mit dem Feuer werden assoziiert:

Sommer, Mittag, Hitze, Rot, Zunge, Sprache, Kreislauf, Dreifach-Erwärmer, Dünndarm, Herz, bitterer Geschmack, Entwicklung, Inspiration, Freude, Interesse, Neugierde, Jugend.

Feuer im zeitlichen Aspekt

Wenn der Sommer seinen Höhepunkt erreicht, die Hitze zugenommen hat, dann hat auch die Energie des Jahres ihren Maximalpunkt erreicht. Die Yang-Feuerenergie ist auf ihrem Höhepunkt angelangt. Im Körper erreicht die Feuer-Energie zur Mittagszeit ihren Höhepunkt, dann werden Herz und Dünndarm mit Feuer-Energie durchspült.

Feuer-Kräfte zeigen sich im Körper

Balance: Warme Hände und Füße, fröhliche Natur

Dysbalance: plötzliches hohes Fieber, grippeähnliche Zustände, Hauterkrankungen

Feuer-Kräfte zeigen sich im Gesicht

Balance: Schöne, rosige Gesichtsfarbe

Dysbalance: Zungenspitzenrötung,
geplatzte Wangenäderchen

Gerade im Gesicht lassen sich der Zustand des Herzens und Kreislaufes erkennen. Wenn jemand kurz vor einer Ohnmacht ist, dann wird er blaß um die Nase. Ist man besonders erfreut, so strahlt das Gesicht und ist gut durchblutet. Verliebtheit macht ebenso schön und darf man den Umkehrschluß ziehen, daß Schönheit auch leichter verliebt macht?

Feuer im Gleichgewicht

In einem gut balancierten Feuer-Element fehlt es nicht an Liebe, Güte, Verständnis und Mitgefühl. Man freut sich gern und lacht viel. Man ist wissensdurstig und sucht Erkenntnis, vielleicht auch Erleuchtung.

Freude ist bei allem Tun die Überschrift, und man nimmt sich sogar Zeit zum Nachdenken und für die Selbstreflexion. Das balancierte Feuer zeigt sich durch „Klarheit im Denken", gute Gedächtnisleistungen, ruhigen Schlaf und schöpferisches Tun, die Lust am Leben und nicht zuletzt die schon erwähnte Freude.

Feuer im Ungleichgewicht

Zeitdruck ist ungünstig für das Herz. Überanstrengen Sie sich nicht ständig und stellen Sie den Dauerstreß ab, denn die Herzhitze, die dadurch entstehen kann, kann sich in Nervosität, Schreckhaftigkeit und Schlafstörungen bemerkbar machen. Im schlimmsten Fall wird aus dem übermäßigen Herzfeuer der Herzinfarkt. Der Dünndarm hat die eigentliche Aufgabe, das zu starke Feuer über die Blase auszuleiten. Ist der äußere Druck zu stark, dann kommt es zu Blasenreizungen bis Entzündungen.

Vielleicht leiden Sie aber auch an ständigen Blasenentzündungen? Einerseits ist natürlich Kälte eine mögliche Ursache, aber andererseits kann es auch Zeitdruck sein.

Wenn Sie sich wenig Regeneration gönnen und lange Zeit unter Anspannung und hohen Anforderungen, auch abends, stehen, dann gibt es häufig Durchblutungsstörungen in der Herzgegend.

Wer viel raucht und Kaffee trinkt, muß sich nicht wundern, wenn seine Haut schlaff wird und austrocknet.

Geschmeidigkeit und jugendliches Aussehen der Haut sind nur über einen guten Lungen-Funktionskreis zu erreichen. Rauchen trägt nicht dazu bei, abgesehen noch von der zusätzlich gefäßverengenden Wirkung und den Schlacken, die im Lungensystem angereichert werden. Von Wohlgeruch ist dabei auch nicht zu reden.

Was Sie essen können, um die Feuer-Energie zu balancieren

Im Farbessen gehören rote Früchte- und Gemüse-Sorten aufgrund ihrer farbigen Komponente auch zum

Feuer-Element, auch wenn ihr Geschmack häufig süß ist, wie der von rotem Paprika oder Süßkirschen. Nicht zu verwechseln mit der Ernährung nach den fünf Elementen.

Radicchio, rote Beete, Endivien und Chicorée, Buchweizen, Roggen, Gerste, Lamm, Hammel und Ziege, sowie deren Milch undd Käse sind geeignet, das Feuer-Element zu balancieren. Der bittere Geschmack von Löwenzahn-Salat, Löwenzahn- oder Klettwurzeltee beispielsweise entspannen die Galle und wirken in der Bewegung der Körper-Säfte ableitend. Das entlastet die Herz-Energie.

Vorsicht bei großen Mengen schwarzen und grünen Tees! Beide sind kühlend und austrocknend, weshalb sie auch in der Folge zu Inbalancen des Milz- und Nieren-Chi führen können. Ein Tässchen aber kann wunderbar anregend für geistige Tätigkeiten sein.

Das Feuer-Element spiegelt sich in den Organen und Meridianen des Herzens, des Kreislaufs, des Dreifach-Erwärmers und des Dünndarms.

Sollten Sie Lebensfreude verspüren, gern lachen, anderen Freude bereiten, am Leben interessiert wie auch von ihm inspiriert sein, dann ist Ihr Feuer-Element in seelisch-geistiger Balance.

Im Körperlichen sind Ihre Wangen von einem leicht durchscheinenden Rosé-Ton. Weder frösteln, noch schwitzen Sie.

Ist das Feuer-Element schwach, ist Ihr Appetit mitunter mäßig, alle Tätigkeiten im Magen-Darm-Trakt ebenso. Gasbildung und Parasiten könnten sich ausbreiten.

Sie sollten wissen, daß alle bitteren Nahrungsmittel, die dem Feuer-Element zugeordnet werden, das Chi nach unten und innen abführen. Essen Sie leichte und mäßig die Verdauung fördernde Nahrung.

Joggen oder radfahren Sie mit Freude, um Hitze im Körper zu erzeugen. Schnelle Bewegungen fördern die Feuer-Energie. Sie werden feststellen, daß Ihnen das Freude bereiten wird. Diese Freude bringt Ihnen wieder Ausstrahlung und diese kommt Ihrer Schönheit zugute.

Um den geistigen Aspekt des Feuers in sich zu balancieren und nach außen hin auszustrahlen, sind nachfolgende Affirmationen besonders hilfreich:

Für den Kreislauf	Ich lasse die Vergangenheit los. Ich bin entspannt. Ich bin großzügig.
Für das Herz	Mein Herz ist versöhnlich gestimmt. Ich liebe und verzeihe. Ich bin großzügig.
Für den Dreifach-Erwärmer	Ich bin hoffnungsfroh. Ich bin beschwingt.
Für den Dünndarm	Ich bin voller Freude. Ich hüpfe vor Freude.

Die Nahrung zur Harmonisierung

der emotionalen Körpermitte/Solarplexus

Die emotionale Körpermitte, Ruhe und Gelassenheit, aber auch eine schöne Naso-Labialfalte zeigen gute Energien im Erd-Element an. Menschen mit überschüssigen Magenenergien entwickeln gewöhnlich einen gewaltigen Ehrgeiz, denken viel und entwickeln einen überaus großen Lebenshunger. Sie sind entweder von überströmender Herzlichkeit oder eher lieblos und kalt. Sie fühlen sich wie in einem ständigen Lebenskampf, ohne sich jemals am Ziel zu sehen. Gelegentlich können auch schmerzende Schultern, kalte Beine und eine trockene und rauhe Haut die Folge sein. Ist die Energie im Magenmeridian in Dysbalance, dann könnte man leicht launisch und reizbar werden. Man denkt dann besonders viel über sich selbst nach und ermüdet leicht. Besonders gern werden dann weiche Speisen wie Limonaden und Eiscreme verzehrt. Man ist anlehnungsbedürftig und jegliche Anstrengung ist zuviel.

Erfahren Sie in dieser Schönheits-Säule mehr darüber, wie Sie Ihre Balance erlangen können und fahle, trockene und rauhe Haut vermeiden und regenerieren. Denn die Schönheit hängt mit dem Gefühl der Körpermitte zusammen, mit Ruhe, Ausgeglichenheit und einem gut genährten Erd-Element. Das fängt damit an, daß Speisen gut gekaut und eingespeichelt werden sollten, damit die Energie der Schönheit grundlegend gefördert wird. Aber auch Mineralstoffe sind wichtig. Alle Gemüsesorten, insbesondere grünes Gemüse, welches einen besonders hohen Mineralstoffgehalt hat, fördert die Funktion von Magen, Milz und Bauchspeicheldrüse.

Mit dem Erd-Element werden assoziiert:

Mutter, Yin, Magen und Milz-Pankreas, Sorgen, Zuversicht, Spätnachmittag, Spätsommer, feucht, süßer Geschmack, Wortkargheit, Grübelei, Nachdenklichkeit, übellaunig, besorgt sein

Erd-Kräfte zeigen sich im Gesicht:

Balance: zeigt sich in der Ausprägung einer hellen und weniger tiefen Nasolabialfalte

Dysbalance: durch ein aufgedunsenes Gesicht und Elastizitätsverlust der Gesichtshaut

Erd-Kräfte zeigen sich im Körper:

Balance: zeigt sich durch guten Appetit, gut durchfeuchtete Haut, innere Ruhe und Leistungskraft

Dysbalance: zeigt sich durch Kältegefühl, trockene Lippen, Aufgedunsenheit, rasche Erschöpfbarkeit, Wasseransammlungen, Schleimbildung, Gewebselastizitätsverlust oder Cellulitis

Die Erde wird im Spätsommer nur noch mäßig von der Kraft des Feuers gewärmt; die Sonne scheint im Goldton. Es beginnt das Abschiednehmen vom Sommer in der Gewißheit, daß sich nun alles Pflanzliche wieder der Erde zuneigt und eine Umwandlung im Boden stattfinden wird. Erst im Frühjahr wieder wird im fruchtbaren Leib der Mutter Erde etwas Neues entstehen und hervorbrechen.

Jeder Bauer weiß, wie wichtig die Beschaffenheit der Erde für das Gedeihen seiner Saat ist. Bei uns Menschen walten die gleichen Erdkräfte, wie sie auf dem Feld die Saat hervorbringen, auch im Körper. Die Nährstoffe der Erde dienen dem Menschen dazu, seine körperlichen Kräfte aufzubauen, seine Materie und Stofflichkeit zu erhalten. Die Haut stellt unsere äußere Beziehung zur Umwelt dar. Wird sie trocken, dann zeigt sich ein Mangel an Feuchtigkeit. Ein Zuviel an Feuchtigkeit wird im Gewebe gespeichert und läßt uns aufquellen. In der Natur entspricht dies der morastigen, aufgeschwemmten Erde.

Erd-Kräfte sind Mutter-Kräfte. Welches Verhältnis auch immer wir zu unserer Mutter und unserer eigenen mütterlichen Seite haben, spiegelt sich im Gesicht (Nasolabialfalte) und im körperlichen Wohlbefinden.

Ein Zuwenig an Erd-Bildekräften kann Probleme beim Austragen eines Kindes bewirken, weil die Mitte der Entstehungsort von Chi ist.

Erd-Kraft zu verlieren bringt Sorgen und Sorgenfalten mit sich. Man fühlt sich wie ein entwurzelter Baum - schutzlos den Elementarkräften der Natur ausgeliefert.

In der Auseinandersetzung mit den Stoffen dieser Erde, mit der Nahrung - unseren Lebensmitteln -, schöpfen wir Energien, die unsere Lebenskraft stärken. Die angeborene Kraft der Nierenenergie gibt uns ein Potential mit auf den Weg, das wir als ererbtes Gut betrachten. Dieses wird aber gespeist von der Erdkraft - der Nahrungsaufnahme -, so daß diese Energie von existentieller Bedeutung für unsere Gesundheit und Schönheit ist. Deshalb wird bei den Chinesen ganz besonderer Wert auf die Magenenergie und ihre Zusammenarbeit mit der Nierenenergie gelegt.

Das Erd-Element ist verantwortlich für Verständnis, Mitgefühl, Sorglosigkeit, Mütter- oder Ritterlichkeit. Die Organe und Meridiane Magen und Milz-Pankreas gehören zum Erd-Element. Sollten Sie zuversichtlich in die Zukunft schauen und Vertrauen in diese haben, so werden Sie sicher gut balanciert im Erd-Element sein. Zufriedenheit und Gelassenheit sind zwei weitere Aspekte, die Ihnen dann zu eigen sein dürften.

Wenn ein Mangel an Erd-Chi vorliegt, dann sind die Nerven leicht reizbar, da die Erdung mangelhaft ist. Auf- und Abbauvorgänge sind nicht im Gleichgewicht.

Erd-Element im Ungleichgewicht

Sollte bei Ihnen eine Unausgewogenheit der seelisch-geistigen und körperlichen Kräfte im Erd-Element herrschen, so kann sich das wie folgt zeigen:

Enttäuschungen und Entbehrungen können auf Dauer gesehen das Element schwächen. Das Verhältnis zur Natur kann gestört sein, wodurch ein wesentlicher Balancierungsfaktor verlorengeht. Grübeln und Sorgen können überhand nehmen. Im Spätsommer können diese Erscheinungen noch zunehmen. Engstirnigkeit, Intoleranz und Unflexibilität können sich ausbreiten. Fehlt die Erde, so entstehen Träumer, Menschen mit guten Ideen, denen es aber selten gelingt, ihre kreativen Ideen durch- und umzusetzen.

Das Bedürfnis nach Liebe, nach Zärtlichkeit und Kuschelarien ist groß, um dadurch vielleicht einen Mangel im Element auszugleichen. Die Enttäuschung ist aber um so größer, wenn der andere sich nicht auch an die Regeln hält.

Allgemeine Erschöpfung, insbesondere Kraftlosigkeit in Armen und Beinen, kann ein deutlicher Hinweis auf eine Schwäche im Erd-Element, besonders der Milz, sein. Die gesamte Flüssigkeitsbalance kann gestört sein und so zu Wasseransammlungen und Schleim führen. Störungen der Empfänglichkeit und insbesondere der Gelbkörperhormonbildung können ein Anzeichen für einen unausgewogenen Magenmeridian sein. Auch übel riechender Schweiß und Mundgeruch könnten sich bemerkbar machen.

Haben Sie Heißhunger auf Süßes? Süß tonisiert die Milz, und so macht sich ein Mangel an Chi in der Milz als Lustfaktor auf Süßes bemerkbar. Sind Sie bläßlich, oft müde und unkonzentriert? Haben Sie leicht kalte Hände und läßt Ihre Gewebselastizität nach? Das deutet auf eine Chi-Dysbalance im Erdelement hin, insbesondere im Bereich des Milz-Energiestromes. Wenn Sie leicht blaue Flecke bekommen oder unter Cellulitis leiden, so können dies ebenso Hinweise auf eine Schwäche der Milz-Energie sein.

Mögliche Hintergründe für den Energiemangel

Abkühlende und energielose Nahrungsmittel können eine mögliche Ursache für den Energiemangel darstellen. Dazu gehören Rohkost, Obst, insbesondere Bananen, Orangen und Kiwis, Fruchtsäfte, Schweinefleisch, Margarine und Weißmehlprodukte.

Das Hauptproblem der heutigen Ernährungsweise ist, daß der energetische Aspekt vernachlässigt wird. Deshalb gehört nach der aktuellen chinesischen Lehre auch kein Mikrowellengerät in den Haushalt.

Ein möglicher Hintergrund für den Energiemangel kann auch der erhöhte Konsum von Schokolade und Milchprodukten sein. Sie alle würden günstigstenfalls den Körper befeuchten, hauptsächlich sind sie aber Schleimbildner. Der vom Schokoladenkonsum gebildete, toxisch heiße und verklumpte Schleim belastet den Körper. Fazit ist: Schleim blockiert die Zirkulation von Chi! Reduzieren Sie Schokolade und Milchprodukte!

Unregelmäßiges Essen, Hast und demotivierende, belastende Gespräche bei Tisch sollten Sie meiden und natürlich auch schwer verdauliches Essen nach 19 Uhr am Abend. Nach Leung Kok Yuen können Sie immer wieder mal Ihren Gelüsten folgen und über die Stränge schlagen, aber lassen Sie nicht Ihren Magen in einer „Dauerstreßphase von einem Fest zum anderen rauschen“. Legen Sie vielmehr öfter mal einen Reistag zwischendurch ein.

Was Sie essen können, um die Energie im Erd-Element auszugleichen:

Hirse, Roggen, Hafer, Süßreis, Mais und Polenta (Maisgrieß) sind neben gerösteten Haferflocken die stärksten Regenerierer für Magen- und Milz-Energieströme, die gleichzeitig das Chi der Erde aufbauen. Lassen Sie möglichst nach und nach den Zucker weg, da er ein Energieräuber ist. In der Übergangsphase können Sie ein paar Müsli-Riegel aus dem Reformhaus und Trockenobst zur Hand haben. Später werden Sie ganz und gar verzichten können. Ist Ihr Erd-Element erst einmal wieder ausbalanciert, dann können Sie auch hin und wieder „sündigen“. Der morgendliche gekochte Brei macht nicht nur satt, sondern auch innerlich warm, erdig und zufrieden. Kinder sind wesentlich ausgeglichener, wenn sie am Morgen einen Getreidebrei essen. In der Regel haben sie dann kaum Verlangen nach Süßem. Der Brei wird Sie kinderleicht zu innerer Ausgeglichenheit, wohliger Wärme und einer guten Figur führen.

So kochen Sie sich einen Getreidebrei

Kochen Sie in salzlosem Wasser Polenta oder Hirse. Fertig ist die Grundlage für ein schmackhaftes Morgenmahl. Nun benötigen Sie nach belieben einige Zutaten wie Obst, evtl. Ahornsirup, Nüsse o.a. Täglich können Sie diesen Brei neu variieren, indem Sie morgens eine Sorte Obst dünsten: entweder nur Birnen, nur Äpfel oder nur Trauben.

Den Geschmack können Sie durch Zimt, Nüsse, Rosinen und ähnliches verändern.

Anregung für den Mittagstisch

Wenn Sie gern Fleisch essen, so kann Rindfleisch in gekochter oder gebratener Form unter Zugabe von Gewürzen sehr wärmend und Milz-Chi-tonisierend sein. Auch Rindfleischbrühe ist ein ausgezeichnetes Mittel, so daß Sie nicht jeden Tag Fleisch essen müssen.

Anmerkung

Getreide bindet Schadstoffe und führt toxische Ablagerungen des Organismus der Ausscheidung zu. Machen Sie reichlich Gebrauch davon!

So balancieren Sie Ihr Erd-Chi:

Abführende und tonisierende Mittel sind hier geeignet. Verwenden Sie beispielsweise Bockshornklee, Muskat, Ginseng, Algenpulver oder Weißwurz in Ihrer Schönheits-Küche. Rindfleisch mit Ingwer, Maisauflauf oder Dattel-Kastenkuchen können Magen und Milz tonisieren, die Leber beruhigen und das Chi fördern.

Eine Schlammkur, Fango-Anwendungen, die in diesem Buch genannten kaiserlichen Verjüngungsübungen, Bodenturnen, Tai-Chi, Ruhe und ausgewogene Ernährung tun dem Erd-Element wohl. Spüren Sie auch wieder einmal die Erde, indem Sie barfuß laufen. Besonders wohltuend ist der Morgentau. Anschließend rubbeln Sie die Füße mit einem Handtuch trocken, ziehen sich warme Socken an, und Sie spüren wie gut das tut!

Da Sie Ihre Schönheit selbst im Griff haben und Herr und ganz Frau Ihrer Sinne sind, können Sie auch auf der seelisch-geistigen Ebene arbeiten, indem Sie sich die nebenstehenden Affirmationen täglich wiederholen.

Affirmationen:

für den Magen

Ich bin ruhig und gelassen.
Ich bin zufrieden.

für die Milz

Ich glaube und vertraue auf meine Zukunft.
Ich fühle mich sicher.
Meine Zukunft ist sicher.

Nahrung für seidige Haut

Die Hauptenergien des Metall-Elementes werden von dem Zustand der Meridiane Lunge und Dickdarm gebildet.

Der Dickdarm hat, neben dem Dünndarm, die Funktion der Ausscheidung von Abfallprodukten und für die Wasser- und Nährstoffresorbierung zu sorgen. Wer Schwierigkeiten mit dem Dickdarm hat, hat oft auch Nebenhöhlenbeschwerden und eine verstopfte Nase, verspannte Schultern und Kopfschmerzen. Kummer und Sorgen können sich in diesem Element breit machen, aber auch die Haut darunter leiden und der nötige Schneid zum Leben fehlen.

Deshalb empfehle ich, sich mit Naturreis zu ernähren, Weißkohl, Blumenkohl, Sellerie, Rettiche und Zwiebeln zu essen und mit Ingwerwurzeln und Senfblättern die Funktion von Lunge und Dickdarm zu verbessern. Bewegen Sie sich viel an frischer Luft, und essen Sie langsam. Vermeiden Sie auch hier Fleisch und Käse, und Sie werden Ihre Energien besser im Element balancieren. Was Sie darüberhinaus noch für sich tun können, um eine seidige Haut und strahlendes Aussehen zu erreichen, werden Sie in diesem Kapitel erfahren.

Mit dem Metall-Element werden assoziiert:

Herbst, Abend, Kühle, Rückzug, Lunge, Dickdarm, die Farbe Weiß, Trockenheit, scharfer Geruch, Kummer, Verzweiflung, Erschöpfung, Traurigkeit, Kontaktarmut, Einzelgängertum.

Metall-Kräfte zeigen sich im Gesicht:

Balance: zeigt sich in straffem Gesichtsgewebe, rosiger Haut und einem guten Tonus des Gesichtsgewebes

Dysbalance: zeigt sich in Form von grauer Hautfarbe, Blässe und Hohlwangen

Metallkräfte zeigen sich im Körper:

Balance: zeigt sich durch eine gute Verdauung, Dynamik, Antrieb und in der Kraft, Entscheidungen leicht zu treffen

Dysbalance: Verstopfung, Durchfall, Akne, Hautunreinheiten, Elastizitätsverlust der Haut, Hautallergien, erhöhte Reizbarkeit und Blähungsneigung

Wenn die große Hitze des Sommers vorbei ist, dann nehmen die Yin-Kräfte des Jahres zu, und Kälte mischt sich mit Wärme. Die Kräfte der Natur gehen im Herbst zu ihrem Ursprung zurück. Urvertrauen gehört zu Menschen mit einem starken Metall-Element. Er wird sich seinen Lebensraum zu bewahren und zu verteidigen wissen. Eigenschaften wie Durchsetzungsvermögen, Gerechtigkeit, Mitgefühl und ein klarer Verstand sind bei ihm ausgeprägt.

Die Lungen bilden das Verteidigungs-Chi, Wei-Chi genannt. Ein gutes Wei-Chi schützt den Hautmantel. Die Elastizität der Haut ist von einem guten Lungen-Chi abhängig. Die richtig ausgeführten Übungen können das Lungen-Chi stärken und so die Elastizität der Haut.

Die Chinesen sagen einem guten Wei-Chi auch nach, daß es vor Unfällen und Mißgeschicken schützen würde.

Metall-Element im Ungleichgewicht

Krankheiten, Operationen, Konflikte und Unfälle könnten die Folgen sein. Das Gemüt kann trübsinnig, schwer wie ein wolkenverhangener Regentag sein und Bronchialkatharre können auftreten. Neurodermitis und eine Reihe von Hautallergien haben ihre Ursache in Funktionsstörungen des Lungen- und Leber-Chis. Ernährungsumstellung und Entgiftung sind notwendig, um zu lindern, zu heilen oder zu harmonisieren.

Vor allem dem Organ Dickdarm fällt die Aufgabe der Aussscheidung zu. Was er nicht ausscheidet, das bringt die Haut in Form von grauer Farbe, Blässe oder Hohlwangen ans Tageslicht!

Mögliche Ursachen für Dysbalance

Kaffee, Rotwein und Zigaretten trocknen Haut und Lungen aus!

Achten Sie auf Milchprodukte und Zucker in Ihrer Ernährung. Am besten verzichten Sie ganz und gar darauf, dann entziehen Sie den krankheitserregenden Bakterien und Pilzen im Darm die Nahrungsgrundlage. Denn eher als die Pilze bricht der Mensch zusammen! Oft ist die Ursache für einen Energiemangel die Überladung des Darms mit Pilzen! Die Mikroskop-Dunkelfeldmethode kann diese sichtbar machen. Sie werden staunen, welche „Netze“ zu ziehen sie imstande sind und wie sie damit den einzelnen Blutkörperchen die Bewegungsfreiheit nehmen.

Ist der Darm zu träge, dann sind die Energien von Milz und Dickdarm in Dysbalance. Mögliche Ursachen sind Streß, Zeitdruck und emotionale Anspannung.

Gewinnen Sie statt Stagnation, existentieller Unsicherheit und Angst das Urvertrauen, daß auch der Körper sich einmal wandelt und den Stoffen dieser Erde zugeht. Ihre Erfahrungen aber und Ihr kultiviertes Chi werden Sie nicht verlassen. Mit diesem Urvertrauen gesegnet, sollten Sie zu unendlicher Freude und völliger Gesundheit gelangen.

Angst ist ein Hemmnis. Sollten Sie vor der Zukunft Angst haben, dann sind Sie womöglich blockiert. Ihre Energie fließt nicht fre,i und mitunter sehen Sie auch nicht die Möglichkeiten, die sich am Horizont eröffnen.

In geschlossenen Räumen können Klimaanlagen für eine trockene Luft sorgen. Selbst aus Kunststoffen bestehende Teppichböden, Tapeten, Vorhänge und Autositze können ausdünsten und die Raumluft nachteilig beeinflussen.

Was Sie essen können, um die Energie im Metall-Element auszugleichen

Ideal bei allen Hautunreinheiten ist Vollwertreis. Er ist die beste Ausgangsbasis zur Entgiftung eines belasteten Darmes.

Reis, Gerste, Hafer, Kleie, Knoblauch, Lauch, Sellerie, Wirsing, Rettich, Chilli und Ingwer eignen sich genauso wie gereifter Käse, Hirsch und Wildschwein.

Sollten Sie unter Verstopfung leiden, der Stuhlgang eher dunkel und hart sein, dann sind das Leber-Chi und der Dickdarm zu beruhigen und zu befeuchten. Beides können Sie ebenfalls sehr gut mit Vollwertreis erreichen.

Alle scharf schmeckenden Gemüse sind genau das Richtige, um Chi-Stagnationen aufzulösen. Rettich, Radieschen, Lauch, Zwiebel, Knoblauch, Kohlrabi, Kresse und Lauch. Besonders in der Yin-Zeit des Jahres, im Herbst und Winter, ist es von Vorteil, scharfheiß in der richtigen Dosierung zu essen. So bringt man Wärme in den Körper und den Energie- und Blutzirkulationsfluß in Schwung.

Wenn Sie hohen Blutdruck haben und die Neigung zu Schilddrüsenüberfunktion, dann sollten Sie eher Abstand von scharfen Gewürzen nehmen. Gehen Sie auch vorsichtig mit Alkohol um, da er das Leber-Feuer zu stark beansprucht und, im Kreislauf der Energien, auch dem Metall-Chi Energie entzieht.

Wenn Sie zu viel Schleim auf der Lunge haben, dann trinken Sie Thymiantee, essen Buchweizenbrei und Hirse.

Rezeptvorschlag

Eines der besten Mittel, Chi in Fluß zu bekommen und damit gegen Verstopfunganzugehen, ist folgendes:

Bereiten Sie sich eine Mahlzeit aus gedünstetem Rettich mit etwas Butter und Salz zu, oder kaufen Sie sich Rettichsaft und nehmen Sie täglich zwei Eßlöffel nach den Mahlzeiten ein. Probieren Sie es einfach aus, oder fragen Sie Ihren Arzt, was er davon hält.

Anmerkung

Jugendliche Haut resultiert in erster Linie aus dem Genuß von Vollkornreis, Rettich, Kohlrabi und Kresse. Sie sind scharf und erfrischend, und sie durchfeuchten die Lunge im rechten Maß.

Das Metall-Element bezieht sich auf die Organe und Meridiane von Lunge und Dickdarm. Es wird auch als das Luft-Element bezeichnet. Schwere Stoffe werden ausgeschieden und leichte eingesogen. Die Lungen übernehmen die Funktion der Ver- und Entsorgung des Körpers mit *Feng* und die Dickdarm-Region die mit *Shui*. Feng, der Wind, und Shui, das Wasser, oder die Stoffe von Himmel und Erde kommen hier am deutlichsten als gemeinsames Yin (Lunge) - Yang (Dickdarm) - Paar vor.

Wenn Sie ein gutes Selbstwertgefühl besitzen sollten, tolerant und demütig sind, dann sind Sie sicher gut im Metall-Element balanciert.

Wenn das Metall-Chi schwach ist, dann sind die Stoffwechselvorgänge verlangsamt, vor allem die Ausscheidung von Giftstoffen aus dem Darm. So kann Ihr Gewicht zunehmen. Oder es herrscht die Schwierigkeit vor, genügend ausatmen zu können. Wer nicht gut ausatmen kann, hat auf Dauer auch einen Sauerstoffmangel, da er auch ungenügend einatmen wird. Das aber führt nicht nur zu gesundheitlichen Störungen, sondern auch zu einer fahlen Haut.

Mein Vorschlag

Regen Sie den Stoffwechsel an. Der Körper muß sich von seinem übermäßigen Schleim trennen, trocken werden und tonisieren,es sei denn, Sie sollten dies ärztlicherseits nicht. Dazu eignen sich: Koriander, Enzian, Kalmus, Minze und Aloepulver. Rhabarberwurzel ist ebenso in geringem Maße anwendbar. Da sie das stärkste Mittel in der Traditionellen Chinesischen Medizin zum Abführen ist, wird sie auch nur wenige Tage und sehr dosiert eingesetzt. Tomatensuppe, Süßkartoffelbrei und beispielsweise Ochsenschwanzsuppe mit Tomaten sind ebenso nützlich.

Gönnen Sie sich Darmspülungen und -übungen. Achten Sie auf Ihre Atmung, insbesondere auf die Ausatmung. Atemtherapie, die kaiserlichen Verjüngungsübungen, aber auch Tai Chi und Qigong können Ihnen dabei behilflich sein.

Trockenheit in Räumen können Sie mit Aquarien und Zimmerspringbrunnen regulieren. Auch Duftlämpchen befeuchten den Raum und tragen ihren Teil dazu bei, wie ebenso Luftwäscher.

Fließendes Wasser hat noch einen guten Effekt: Das Geräusch wirkt sehr beruhigend, vorausgesetzt, daß Sie genügend Wasser ein- bzw. nachfüllen. Im Feng Shui ist Wasser auch assoziiert mit Geld, Wohlstand, Lebensenergie und Karriere.

Affirmationen:

für den Dickdarm

Ich bin von Grund auf rein und gut.
Ich bin es wert, geliebt zu werden.

für die Lunge

Ich bin demütig.
Ich bin tolerant.
Ich bin bescheiden.

Springbrunnen bleiben, außer im Schlafzimmer, auch über Nacht an, um eine Chi-Stagnation in den Räumen zu verhindern.

Ihre Haut wird es Ihnen danken!

Entspannen Sie sich, und pflegen Sie positive Worte, Gedanken und Taten. Sie sind die Basis eines inneren Gleichgewichtes, was sich in Schönheit und Anmut ausdrückt.

Mit den nebenstehenden Affirmationen können Sie auch die Gedanken zu den Organen und Meridiane hin verstärken und so deren Arbeit erleichtern. Denken Sie daran, daß der Beauty Feng Shui-Gedanke ganzheitlich ist und die Balance aller Kräfte im Menschen erfordert.

Foto: Primavera Life

Nahrung zur Stärkung der vitalen Energie

Die Wasserenergie im Körper ist gekoppelt mit den Meridianen und Organen Nieren und Blase. Im Feng Shui ist auf dem Element Wasser ein besonderer Focus. Denn ohne Wasser kann man nicht existieren, ohne Nahrung schon eher. Im Fruchtwasser ist der Mensch herangereift, dem wässrigen Element. Ist er schließlich geboren, dann besteht er zu 65 Prozent aus Wasser, und er wird im Laufe seines Lebens täglich mindestens einen Liter Flüssigkeit zum Aufrechterhalten seiner Körperfunktionen zu sich nehmen.

Der Jungbrunnen der Schönheit wird aus der Nierenenergie geschöpft. Die Nieren sind tatsächlich als Jungbrunnen der Schönheit zu betrachten. Sie reinigen das Blut und sind, neben den Nebennieren, für die Produktion von Adrenalin verantwortlich. Mit diesem ist es möglich, in Krisensituationen schnell und überlegt zu handeln.

Die Nieren beeinflussen den Geschlechtstrieb, die Blutzirkulation, die Knochen und die Ohren. Wenn man sich ständig überlastet, chronisch erschöpft und sich nervös und gehetzt fühlt, sollte man sich selbst um seiner Schönheit willen um eine gezielte Balance der Nierenenergie bemühen. Trinken Sie Ingwerwurzeln bei erschöpften Nieren als Tee, und verwenden Sie in Ihrer Beauty-Küche Gerste, Buchweizen und Gemüse. Auch Zimtrinde bei erschöpftem Nieren-Yang kann sehr dienlich sein. Was Sie darüber hinaus noch für Ihre Gesundheit und Schönheit tun können, erfahren Sie in diesem Kapitel.

Mit dem Wasser-Element werden assoziiert:

Winter, Kälte, die Lebenskraft raubende Angst, die Farbe Schwarz, Nieren, Blase, das Gehör, Nacht, kalt, salziger Geschmack, Mut, Vitalität, Schönheit, Aktivität, Wachstumskraft, Bewahren von Lebenskraft.

Wasserkräfte zeigen sich im Gesicht

Balance: gute Spannkraft der Haut und kräftiges Haar auf dem Kopf

Dysbalance: schwärzliche Gesichtsfarbe, Haarausfall, frühes Ergrauen und Augenringe

Wasserkräfte zeigen sich im Körper

Balance: zeigt sich in der guten Funktion des Urogenital-Systems, wie der Nieren und der Blase, gutem Gehör, Sehkraft, Beweglichkeit und Zeugungsfähigkeit des Mannes

Dysbalance: zeigt sich durch kalte Füße, Hüften, Po, Neigung zu Wadenkrämpfen, gesteigertem Harndrang, Druck auf den Augen und im Kopfbereich, steifen Hals und Nacken

Wenn der Winter beginnt, sind die Kräfte des Yang weit zurück gewichen. An der Oberfläche der Erde und in der Luft breiten sich Kälte, eisige Winde und Frost aus. Das Leben zieht sich so weit zurück, daß die Samen und

Wurzeln bis zum nächsten Frühjahr ihre Lebenskräfte bewahren. Das Wasser-Element steht für die Zeit der Atempause des Jahres. Im Frühjahr beginnt das Jahr mit der Einatmung, erreicht im Sommer den Höhepunkt, legt eine Pause ein, um danach mit der Ausatmung zu beginnen, die sich bis zum Winter hinzieht. Dann kommt der Atemstillstand - die Pause des Jahres - das Jahr vollzieht den Wechsel zwischen Tod und Wiedergeburt.

Auch der Geist der Menschen und ihre Aktivitäten kommen zur Ruhe. Frieden, Vergebung, Weisheit und Schönheit kultivieren die Winterzeit. Ausdauer und Beharrlichkeit sind die Eigenschaften des Wassers.

Menschen mit einem starken Wasser-Chi sind in ihrem Wesen sehr anpassungsfähig, vergleichbar dem Fluß der dem Flußbett folgt. Sie sind stark und entschlossen, wie das Wasser, das sich seinen Weg sucht, und haben einen starken Willen.

Aus den Nieren schöpfen wir die von unseren Eltern mitgegebene und vorgeburtlich angelegte Energie. Sie ist unsere Reserve für den Notfall. Von ihr werden die Knochen, die Kopfhaare, Zähne, Ohren und das Gehör sowie das Nervensystem kontrolliert.

Die Fortpflanzungsenergie sitzt im Bereich der Nieren. In China ist es üblich, sich zwei Jahre lang auf die Zeugung eines Kindes vorzubereiten. Man stärkt sich mit Übungen und der richtigen Ernährung, um dem Kind gute Anlagen mitzugeben.

Wasser im Ungleichgewicht

Unruhe, Nervosität und mangelnde Ausdauer können Anzeichen für unbalanciertes Wasser-Chi sein. Die Füße müssen nachts draußen bleiben, da sie unter der Bettdecke zu heiß sind. Der Mensch neigt zu nächtlichen Schweißausbrüchen. In der Sprache der Mediziner sprechen wir in diesem Fall von einer Nieren-Yin-Leere. Auch Zeitdruck, Streß und Kälte können äußere Faktoren sein, die zu einer Dysbalance beitragen. In erster Linie ist das Wasser-Chi von emotionalen und geistigen Faktoren abhängig. Angst kann eine der Ursachen sein. Zorn, Aggression und Angst hängen oft zusammen und bilden gemeinsam den Mutterboden von Fehlfunktionen. Die Mediziner in China sehen die Ursache in erster Linie in der mangelnden Essenz, die von den Eltern weitervererbt wird. In zweiter Linie kann dies karmische Ursachen haben. Karma bedeutet, daß sich die Essenz der Seele und des Geistes immer und immer wieder in ein Leben hineingebiert. Das Leben wird in jeder Sekunde wie auf einem Magnetstreifen oder einer Diskette aufgezeichnet und das Aufgezeichnete im nächsten Leben der Ursprung für die Projektion von günstigen oder weniger günstigen Resultaten sein.

Mögliche Ursachen für eine Dysbalance:

Auch wenn die Ursache im Äußeren liegt, können Sie bewußt Ihre Reaktion darauf verändern. Das bewirkt bessere Beziehungen zu anderen und zu sich selbst natürlich auch. Außerdem wollen Sie ja wohl keine Zornesfalten bekommen, oder?

Tragen Sie keine Diamanten, wenn Sie unter Kälte im Körper leiden, denn sie haben die kalte Energie. Kalte Nahrung und Bewegungsmangel zusammen lassen das Wasser-Chi stagnieren.

Es fehlt Ihnen an Mut und Selbstdisziplin, weil Sie sich ungünstig ernähren? Das können Sie ändern. Jetzt, hier und sofort!

Was Sie essen können, um die Energie im Wasser-Element auszugleichen:

Algen, schwarze Sojabohnen, Walnüsse, Kastanien, Grünkohl, schwarzen Rettich und alle Meeresfrüchte, die zum Wasser-Element gehören.

Salz in kleinen Mengen wirkt abführend. Schleim wird ausgeschieden und Körpersäfte vermehrt. Bei hohem Salzkonsum trocknet der Körper aus, wird hart und steif. Menschen, die viel Wurst und Fleisch, dabei aber kaum etwas anderes essen, werden so steif in ihren Bewegungen, daß sie sich nur noch im Block, nicht aber in Wringbewegungen, umdrehen können. Die Bewegungen wirken dann pinguinartig.

Trinken Sie zwischen drei und fünf Tassen Kräutertee (am besten wechselnde Sorten), abgekochtes Wasser oder Mineralwasser täglich. Richten Sie sich dabei ganz nach Ihrem Trinkbedürfnis. Die Zeit hat bewiesen, was die Chinesen schon vor Tausenden von Jahren gesagt haben, daß nämlich zuviel Trinken die Nieren stark belastet und dadurch häufig das Gewebe aufquillt. Frauen sollten durchschnittlich zwei- bis dreimal tagsüber Wasser lassen. Sie haben eine größere Blase und können Wasser besser halten als Männer, die bis zu fünfmal am Tag urinieren müssen. Wenn Sie öfter das Örtchen aufsuchen müssen, dann trinken Sie mitunter zuviel, oder Sie suchen einmal Ihren Arzt für Traditionelle Chinesische Medizin auf. Benutzen Sie vielleicht einen Wasser-Filter mit der Ur-Information von reinem Wasser, ein Segen für Leitungswasser-Trinker! So vermeiden Sie nicht nur Müll, sondern entlasten auch Ihren Rücken, da Sie keine Kästen mehr tragen müssen.

Einmal im Jahr oder häufiger sind in der Temperatur ansteigende Fußbäder wohltuend. Die Temperatur steigt in Spezial-Fußbadewannen über den unter der Fußsohle befindlichen Nierenpunkt allmählich an. Oder Sie gießen sich heißes Wasser von oben allmählich zu. So schlafen Sie gut, haben warme Füße und eine gute Durchblutung. Ein geglücktes Beauty-Feng Shui!

Auch Badekuren im Wasser sind reichliche Beauty-Energie-Spender. Schwimmen Sie regelmäßig, und baden Sie vielleicht einmal pro Woche in der häuslichen Badewanne mit wohltuenden Zusätzen.

Foto: Primavera Life

Anmerkung

Hülsenfrüchte und Salz in kleinen Mengen regen die Nierenfunktion an. Zuviel Salz schwächt die Nieren. Es kann zudem zu hohem Blutdruck führen. In Asien ißt man besonders die Adzuki-Reisbohne, die eine geeignete Hülsenfrucht ist, um die Nierenfunktion zu steigern. Hierzulande sind es Buchweizen und Gerste. Kombu (Blatt-Tang) und Nori (japanischer Purpurtang) sind beispielsweise auch beliebte Nierenanregungsmittel.

Wenn die Nieren schon überlastet und erschöpft sein sollten, dann werden Ihnen Rindfleischbrühe und Äpfel gute Dienste leisten. Fragen Sie Ihren Arzt für Traditionelle Chinesische Medizin.

Frieden und innere Harmonie sind balanciertem Wasser-Chi zu eigen. Sicherheit und Schlüssigkeit, sowie ein ausgeglichenes Sexualleben sind die natürliche Folge von gutem Wasser-Chi.

Sollten Sie eine morgendliche schnelle Verdauung haben, die mitunter ein zu schnelles Ausscheiden und eine ineffektive Verwertung der Nahrung bedeutet, so könnte das als ein Anzeichen für eine Störung im Wasser-Element und Ausdruck eines Yang-Mangels zu deuten sein. Sollte das der Fall sein, so sollten Sie sich Wärme zuführen. Trockener Stuhlgang könnte ein Hinweis auf einen Yin-Mangel sein, und Süßholz und Engelwurz (Angelika Sinensis) wären segensreich.

Vorschlag:

Nicht den Stoffwechsel anregen, sondern den Körper befeuchten, ist das Motto! Süße, salzige und süßsaure Geschmacksrichtungen können Ihnen jetzt gut tun. Verwenden Sie in Ihrer Schönheitsküche zum Beispiel Süßholz, Weißwurz, chinesischen Engelwurz (Angelika Sinensis) und Ginseng.

Schwimmen Sie, rudern Sie oder praktizieren Sie die im Buch angegebenen Übungen. Auch Rückengymnastik und insbesondere Beckenübungen sind förderlich.

Fußbäder vor dem Schlafengehen und Vollbäder mit Zusätzen von Melisse und Wacholder entspannen. Wenn Sie viel am Computer arbeiten, dann gönnen Sie sich auch wöchentliche Meersalzbäder. Wer ein Geistesarbeiter ist, sollte sich selbst den Samadhi-Tank anschaffen oder ab und an sich anderswo in diesen begeben. Sie werden das Zeitgefühl nach kurzer Zeit verlieren, klare Entscheidungen treffen und sich mit neuer Konzentration an Ihre Aufgaben begeben können, dank des Alpha-Zustandes.

Was Sie mit Ihren Gedanken für Ihre Schönheit tun können, sehen Sie nebenstehend. Affirmationen können am Badzimmer-Spiegel hängen, Sie auf Ihrem Nachtkästchen begleiten, oder wo immer Sie Zeit haben, sich ihnen einen Moment zu widmen.

Affirmation:

für die Nieren

Ich liebe das Leben und genieße die Vielfalt seiner Erscheinungen.
Freudig lerne ich
aus meinen Fehlern.

für die Blase
Ich bestimme selbst über mein Leben.

Nahrung zur Anregung des Stoffwechsels,

für Haare und Nägel

Wer die Energie des Frühlings kennt, weiß um den Zauber der sich öffnenden Blüten und Düfte. Diese wunderbare Natur in sich wiederzuentdecken oder zu erhalten, ist das Anliegen dieses Kapitels. Übermäßige Krittelei, Zorn und Ärger versteifen nur die Muskeln. Daß man dies auch mit der Nahrung beeinflussen kann, haben Sie bereits in den davorliegenden Kapiteln erfahren. Wie Sie sich frisch und munter halten können und die Frühlingsgefühle in sich wecken, erfahren Sie in diesem Kapitel.

Mit dem Holz-Element werden assoziiert:

Frühling, Morgen, Familie, Sohn, Leber, Galle, saurer Geschmack, Liebe, Haß, Eifersucht, Wille, Mut, Entschlossenheit, Ärger, Jähzorn, Aggressivität.

Holz-Kräfte zeigen sich im Gesicht

Balance: ein gutes Holz-Chi zeigt sich in gesunden Haaren und Nägeln, die Augen strahlen, die Haut ist klar.

Dysbalance: Hautunreinheiten wie Pickel oder Mitesser, großporige und blasse Haut

Holzkräfte zeigen sich im Körper

Muskeln und Bewegung zeigen die Beschaffenheit des Holz-Chi an. Holz ist dann in Balance, wenn man fähig ist, Entscheidungen zu treffen und mit Veränderungen in dieser Welt mitgeht, anstatt sich in ständiger Opposition zu befinden.

Um die Geschmeidigkeit der Gelenke zu bewahren, sollten Sie Salze dringend reduzieren.

Ein gutes Holz-Chi zeigt sich in gesunden Haaren und Nägeln, strahlenden Augen und klarer Haut. Es ist gekoppelt mit den Organen und Meridianen Leber und Gallenblase, sowie deren Emotionen. So gehen Gefühle wie Liebe und Haß gleichermaßen zur Freude oder zum Leid des Holz-Chis. Die Haare können ausfallen oder die Augen strahlen, wie das der Fall ist, wenn man verliebt ist.

Das Holz-Chi hat seine Assoziationen auch in der Natur, so ist der Winter zu Ende und der Frühling beginnt. Der Jahreszyklus nimmt seinen Lauf: Alles beginnt wieder von vorn, der jahreszeitliche Zyklus hat alle Kräfte auf Regeneration und Fortschritt geschaltet.

Auch im Menschen beginnen die Körpersäfte, wie die in den Stengeln der Pflanzen und den Stämmen der Bäume, zu steigen. Es ist mitunter eine der möglichen Zeiten, eine Regenerationskur zu beginnen. Es ist auch die richtige Zeit für Fastenkuren und um Entscheidungen nicht auf die lange Bank zu schieben, und sich an die Ausführung zu machen.

Sind Sie konsequent, flexibel, mutig, entschlossen, anpassungsfähig und erledigen Sie Ihre Angelegenheiten mühelos und vollständig, dann sind Sie sicher gut im Holz-Element balanciert. Anderenfalls könnten Sie in den Emotionen von Unbeherrschtheit, Verbissenheit und Jähzorn festhängen.

Lassen Sie diesen Gedanken einfach einmal zu, und sehen Sie sich in einer Situation des Zornes folgendes Bild an:

Setzen Sie sich ganz ruhig hin, bevor Sie die Buddha-Figur Ihrem Geliebten hinterherwerfen wollen. Halten Sie ein, und schauen Sie nach innen: Suchen Sie nach der Energie in Ihnen, die Sie eben so heftig antrieb. Wo sitzt sie? Im Kopf, im Rücken, den Füßen oder dem Bauch?

Sie werden nach ein paar Minuten wissen, es ist nirgendwo. Sie aber sind ruhiger geworden und lassen Ihre Figur da stehen, wo sie auch zuvor schon stand und können wieder tief durchatmen.

Holz-Element im Ungleichgewicht

Ist das Holz-Element gestört, dann kann es zu aggressiven Prozessen im Körper kommen, die sich bis zu Beschwerden des rheumatischen Formenkreises, insbesondere Arthritis, entwickeln können. Depressive Stimmungen, Zorn und Wut könnten ebenfalls Anzeiger eines gestörten Gleichgewichtes sein.

Mögliche Ursachen für den Energiemangel

Die meisten Ursachen für Holz-Chi-Störungen liegen im emotionalen Ungleichgewicht. Übertreibungen in der Lebensführung können aber ebenso Verursacher sein. Gerade Alkohol und Kaffee sind Feinde der Leber. Stark gewürzte Speisen und Süßigkeiten, insbesondere Zucker, sind nicht nur Feinde der Leber, sondern schaden der Gesundheit und der Schönheit der Haut.

Viele Menschen essen einfach zuviel. Deshalb sind sie krank, weil so der Stoffwechsel ständig arbeiten muß und schließlich k.o.-Zeichen gibt.

Viel zu essen bedeutet ja auch, daß etwas kompensiert werden muß, was offensichtlich fehlt. Wer herausfindet, was fehlt, kann sich mit diesem Bereich beschäftigen und ihn aktivieren, anstatt ihn zu kompensieren.

Hauptsächlich sind für Chi-Störungen Hast, Streß, unregelmäßige und flache Atmung, sowie das Muster „Keine-Zeit-haben“ verantwortlich.

Die meisten Menschen sind in der Regenerationszeit von Leber und Gallen-Energie, nämlich zwischen

23 und 3 Uhr im Bett. Einige wenige aber gönnen ihrem Körper nicht die Regenerationszeit, was schneller Holz-Chi verbraucht, zu schlechter Gesundheit und weniger gutem Aussehen führt. Bluthochdruck und Herzbeschwerden können zusätzlich das Resultat sein.

Foto: Domicil

Was Sie essen können, um die Energie im Holz-Element auszugleichen

Essen Sie frische Nahrungsmittel! Was jahreszeitengemäß auf dem heimischen Markt angeboten wird, ist auch das, was Sie jetzt für Ihre Schönheit brauchen können. Lassen Sie nur nichts zu lange liegen, damit nicht Licht und Wärme Energie und Vitamine reduzieren. Gurken mit Mungobohnen, Ochsenschwanzsuppe mit Tomaten, Hühner-Cremesuppe, Miesmuscheln sowie Tomatensuppe sind förderlich.

Hinweis

Trinken Sie zwei- bis dreimal täglich ein Gemisch aus Wasser, Traubensaft (0,2 Liter) und ebensoviel Selleriesaft zu gleichen Teilen.

Zehn Tage lang morgens und abends ein kleines Gläschen Steckrübensaft ist ebenfalls wohltuend.

Affirmationen:

für die Leber

Ich bin glücklich
und zufrieden.
Ich habe Glück.
Ich bin fröhlich.

für die Gallenblase

Ich wende mich anderen
liebevoll zu.
Ich gehe versöhnlich
auf andere zu.
Ich glaube und vertraue
auf meine Zukunft.

Vorschlag:

Ich empfehle Ihnen Saftkuren. Wenn möglich, pressen Sie sich frischen Rhabarber, Äpfel, Holunder oder schwarze Johannisbeere je nach Jahreszeit aus, oder kaufen Sie die fertigen Säfte im Naturkostladen. In der Küche sollten Zimt, Koriander, Nelke, Kalmuswurzel und Süßholz nicht fehlen. Qigong, die kaiserlichen Verjüngungsübungen, Stabhochsprung, Klettern und Wandern sind günstig für das Holz-Chi.

Mit positiven Gedanken und nebenstehenden Affirmationen erhalten Sie sich die Schönheit durch Geschmeidigkeit und Gelenkigkeit.

Vitamine und Mineralien in der Beauty-Küche

Wußten Sie, daß

- Stimmungsschwankungen häufig durch Magnesiummangel verursacht werden?
- Müdigkeit und Erschöpfung die Folge von Eisenmangel sein können?
- Akne und chronische Ekzeme durch Zinkmangel verursacht werden können?
- Nervosität und Unruhe häufig ein Zeichen von Kalziummangel ist?
- Übergewicht bei Jodmangel nur schwer zu reduzieren ist?
- Allergien häufig mit Nickelüberlastungen in Verbindung stehen?
- Hyperaktivität durch Störungen des Kalzium-Magnesium-Phosphorhaushaltes verursacht werden kann?
- Faltenbildung in Verbindung mit Siliziummangel stehen kann?

Natürlich sollten Sie Ihren Arzt oder Heilpraktiker zu Rate ziehen und sich nicht selbst Mineralien und Vitamine verordnen. Fragen Sie Ihren Arzt, ob er Ihnen diesbezüglich eine Analyse (evtl. Haarmineralanalyse) machen kann, und Sie werden hinsichtlich Ihrer Symptome Sicherheit erlangen.

Dennoch möchte ich hier einige Gedanken zu diesem Thema festhalten:

Eisen

Da Süßigkeiten aller Art die Aufnahme von Eisen hemmen, sollte man sie am besten meiden. Saure Milchprodukte über den Tag verteilt oder 300 Milligramm Vitamin C am Tag verbessern die Aufnahme von Eisen. Eisen ist beispielsweise enthalten in Zitronen, Orangen, Beeren, Tomaten, Blumenkohl, Kartoffeln und Paprika.

Eisen und Vitamin B2 begünstigen die Blutbildung, ebenso B6, Kupfer und Vitamin E. Blei und Kadmium mindern die Eisenaufnahme. Wer auf Dauer Eisenmangel hat, fühlt sich unter Umständen sehr müde und erschöpft, da er eine Anämie bekommt. Die besten Nahrungsquellen sind Rote-Beete-Saft, ungeschwefelte Trockenfrüchte, schwarze Kirschen, Brombeeren und die grünen Gemüse. Aber auch Bananen, Aprikosen, Fenchel, Feigen, Datteln, Löwenzahnblätter, Sauerampfer, Senfkraut, Sonnenblumenkerne, Weizenkleie und Ziegenrohmilch sind gute Eisen-Lieferanten.

Jod

Bei Mattigkeit, Kältegefühl, niedrigem Blutdruck, trockener Haut, strähnigen Haaren, Menstruationsstörungen, Kälteempfindlichkeit und Gewichtszunahme kann es sich um einen Mangel an Jod handeln. Jod ist wichtig für die Schilddrüsenfunktion und spielt eine Hauptrolle für den Energiehaushalt des Körpers. Die beste Quelle sind Algen, Fisch und Rogen. Aber auch Ananas, Artischocken, Blaubeeren, Haferflocken, Rosenkohl, Schwarzwurzeln, Spinat, Tofu, Tomaten, Wassermelonen, Ziegenkäse und Zucchini.

Vitamin A

Nur fünf bis zehn Milligramm täglich reichen schon aus, um Bindehautentzündungen zu vermeiden, Augenbrennen, Gerstenkörnern, Hautproblemen und Lidrandzuckungen vorzubeugen. Gerade bei grellem und künstlichem Licht steigt der Bedarf an Vitamin A. Nachtarbeiter, aber auch Ski-Urlauber sollten vermehrt Paprika, Spinat, Hagebutten, Karotten, Aprikosen, Broccoli, Lebertran, Grünkohl oder Eigelb zu sich nehmen.

Die Vitamine der B-Gruppe

Mit Naturreis, Hülsenfrüchten, Vollkornprodukten und Heringen beugen Sie Wasseransammlungen im Gewebe vor, helfen Ihrem Körper, aktiv rote Blutkörperchen zu bilden und die Schutzschicht der Nervenfasern zu bewahren. Sie können Schreckhaftigkeit, Nervosität, Überreiztheit und Ohrensausen vorbeugen, ebenso Gefühllosigkeit in Fingern und Zehen beim Aufwachen.

* *Vitamin B1*

Da es wasserlöslich ist, wird der Überschuß vom Körper ausgeschieden. Besonders nach Operationen, bei Streß, Wasseransammlungen im Körper und Verdauungsproblemen hilft Vitamin B1. Wer unkonzentriert ist und unter verminderter Gedächtnisleistung leidet, reizbar ist und weniger gut schläft, sollte an einen möglichen Mangel an Vitamin B1 denken.

Menschen, die gern Süßes essen, rauchen oder Alkohol trinken, haben einen erhöhten Bedarf, genauso wie Frauen, die die Pille nehmen, schwanger oder Menschen sehr ängstlich sind. Essen Sie Vollkornbrot und -breie, Haferflocken, Vollwertreis, Weizenkleie, Trockenhefe, Gemüse, und trinken Sie Milch.

* *Vitamin B2*

B2 ist *das* Fettabbau-Vitamin und besonders gut für Haare, Haut und Nägel. Es wirkt auch bei müden Augen wahre Wunder. Rissige, spröde Lippen, Mundfalten und unkontrolliertes Zucken der Augenlider können ebenfalls Symptome für einen Mangel an Vitamin B2 sein. In Getreidekeimen, Molkeprodukten und Hefe ist reichlich Vitamin B2 enthalten. Es hilft beim Aufbau von Stoffwechselaktionen, fördert die Zellatmung und hilft, Zucker in Stärke und Energie umzuwandeln.

Vitamin B3

Vitamin B3 nehmen Sie durch Sonnenblumenkerne, Naturreis, Hefe und Avocados zu sich. Allein vierzig Körperabläufe sind von diesem Vitamin abhängig. Es kontrolliert den Fettgehalt und das Cholesterin im Blut. Haben Sie zu wenig davon, kann sich dies in Stimmungsschwankungen, Schlaflosigkeit, Übergewicht und depressiven Neigungen widerspiegeln.

Vitamin B5, auch Pantothen

Wer leicht reizbar, depressiv und müde ist und vermehrt unter Muskelkrämpfen leidet, könnte Pantothensäure-Mangel haben. Pantothen, also Vitamin B5, wandelt Fett und Zucker in Energie um.

In Vollkorngetreide, Gemüse, Fisch und Milch ist B5 enthalten.

Vitamin B9

Wer Haarausfall und brüchige Nägel, eine fahle Haut und braune Pigmentflecken bekommen sollte, könnte unter einem Mangel an Vitamin B9 leiden. Nehmen Sie Vollkornprodukte zu sich.

Vitamin B12

Vitamin B12 fördert die Zellneubildung und wirkt gut bei streßbedingten Erschöpfungszuständen, Blutarmut und Energielosigkeit.

Vitamin E

Frauen, die die Anti-Baby-Pille nehmen, sollten sich täglich einen Eßlöffel kaltgepreßtes Olivenöl gönnen, was cirka 100 Milligramm Vitamin E entspricht, um den auf das Zehnfache erhöhten Bedarf durch Einnahme der Pille zu stillen.

Vitamin E ist ein Gefäßreiniger, schützt Muskulatur, Knochen, Knorpel und Sehnen vor oxidativer Zerstörung, hat entquellende Wirkung auf das Bindegewebe und begünstigt die Sexualfunktion. Die Haut bleibt länger schön. Auch bei Muskelkater ist Vitamin E genau richtig.

Essen Sie Broccoli, Rosenkohl, Spinat, Blattgemüse, Vollkornprodukte, Hafer und Soja, so führen Sie sich genügend Vitamin E zu.

Selen

Selen hilft, den Alterungsprozeß zu verlangsamen, schützt das Herz und die Gefäße und verbessert zudem die Aufnahme von Vitamin E. Wenn Sie Sardellen, Thunfisch, Knoblauch, Mais, Zwiebeln, Vollkorn, Weizenkeime, Heringe, Beerenfrüchte, Kürbiskerne oder Sojabohnen essen, so können Sie den täglichen Bedarf von 150 Mikrogramm leicht decken.

Phosphor

Phosphor ist günstig für das Nervenkostüm, es unterstrützt außerdem den Erhalt der Zähne, der Knochenstruktur und das Säure-Basen-Gleichgewicht.

Wenn Sie Lachs, Hering, Avocados, Mandeln, Reis, Sonnenblumenkerne, Sojabohnen, Weizenkleie, Kürbis, Kichererbsen, Weizen, Haferflocken und Edelhefe essen, dann führen Sie sich sicher schon einen guten Teil des erforderlichen Phosphors zu.

Folsäure, auch Biotin

Man braucht die Folsäure nicht nur vermehrt während der Schwangerschaft und der Stillzeit, sondern auch bei Streß, Schlaflosigkeit, Anämie (Blutarmut) und Gedächtnisschwund. Folsäure findet man vermehrt in grünem Gemüse, Sojakeimlingen, Nüssen, Bierhefe, Fisch und Hülsenfrüchten. Fieber, Aspirin, Kaffee, Alkohol und Tabak hemmen die Aufnahme von Folsäure.

Magnesium

Magnesium wird für einige Stoffwechselfunktionen benötigt. Darüber hinaus wird Magnesium auch für die Entspannung der Muskeln und zur Beruhigung des Gemütes eingesetzt. Sie finden es in Avocados, Äpfeln, Bananen, Mais, Grapefruit, Hirse, Minze, grünen Paprikaschoten und braunem Reis.

Kalzium

Wenn Sie Muskelverspannungen, Nervosität und schlechtes Zahnfleisch feststellen sollten, so kann das daran liegen, daß Sie zu wenig Kalzium zu sich genommen haben. Kalzium wird für den Aufbau der Knochen und des Gewebes benötigt. Man findet es in Zitronen, Ziegenrohmilch, Broccoli, Gurken, Kohlrabi, Kokosnuß, Rosenkohl, Zwiebeln, Vollkorn und Walnüssen.

Natürliche Schönheitsmittel

Perlpuder

In China ist ein traditionelles Hausmittel die Perle. In vergangenen Dynastien nahmen Mitglieder der kaiserlichen Familien und Adelige Perlpuder als hochwirksames Mittel zur Verjüngung ein. Wissenschaftliche Untersuchungen haben bewiesen, daß Perlpuder Aminosäuren und Spurenelemente enthält, die für einen gesunden Körper unbedingt notwendig sind. Perlpuder bewirkt eine Erholung und Regeneration des Gewebes und regt die Funktion des zentralen Nervensystems an. Perlpuder gilt in China noch heute als ein Quell der Jugend.

Aloe Vera

Aloe kannten die Chinesen, Ägypter, Mexikaner und Römer. Ihr Ruf ist Jahrtausende alt.
Aloe Vera gilt als Heilerin aus dem Garten der Natur. Die Aloe Barbedensis ist unter 250 Aloe Vera-Arten die wirksamste. Sie schützt und strafft die Haut, macht sie geschmeidig und gibt ihr Feuchtigkeit. Sie lindert Juckreiz, Ekzeme, Husten, Entzündungen, hilft bei Darmträgheit, hohem Blutdruck, senkt Fieber, soll Haarausfall stoppen und macht die Haut straff. Wegen des Letzteren ist sie in zahlreichen Cremes, straffenden Emulsionen,

Badezusätzen und als Getränk für die innere Schönheit zu finden. Mit ihr nehmen Sie wertvolle Enzyme und Aminosäuren zu sich.

Das Aloe Vera-Schlürfen:

Auf nüchternen Magen sollten Sie den Saft für sechs bis acht Minuten im Mund hin und her bewegen und durch die Zähne saugen. Das Schlürfen und Saugen führt dazu, daß schädliche Mikroorganismen im Saft konzentriert werden. Dieses hochgiftige Konzentrat sollten Sie anschließend ausspucken und die Zähne gründlich putzen und die Zunge bürsten. So erhöhen Sie die Widerstandskräfte Ihres Körpers. Auch Zahnfleischentzündungen und lockeren Zähnen wird so geholfen!

Vor dem Frühstück noch ein Gläschen Aloe Vera-Saft, und Sie werden die Aminosäuren und Mineralien zur Freude Ihres Darmes zu sich nehmen und letzlich die Vorbedingungen für eine schöne Haut schaffen.

Die Säure-Basen-Balance

Ernährung ist die Ausgangsbasis für einen guten Säure-Basen-Haushalt des Körpers. Denn alle Funktionen des Körpers werden von sehr präzise arbeitenden Regulationsmechanismen im Organismus gesteuert. Körpertemperatur, Herzschlag, Vegetativum, Blutdruck und Säure-Basen-Haushalt werden auf diese Weise reguliert.

Der Körper versucht, mit den ihm zur Verfügung stehenden Mitteln, seine Funktionen aufrecht zu erhalten. Wenn der Körper in einen Zustand des Säure-Überschusses kommt, dann greift er auf die Basensubstanz, das Kalzium zurück, welches sich in den Knochen und den Zähnen befindet, um das Blut wieder auf einen pH-neutralen Wert zu bringen. Oder er lagert die Harnsäurekristalle zusammen mit den Harnsäure-Salzen im Gewebe um die Gelenke ab.

Zunächst sind die Zähne an der Reihe, ihr Kalzium abzugeben. Dies kann bis zur Zahnkaries gehen. Sind dort die Vorräte erschöpft, dann werden die Knochen ausgehöhlt, die Festigkeit reduziert sich, Osteoporose kann eine Folge sein.

Es wird aber nicht nur Kalzium entzogen, es werden auch Phosphor, Magnesium, Barium, Zink und anderes abgebaut. Die Entmineralisierung der Knochen kann immense Probleme verursachen.

Auch den Venenwandungen wird Kalzium entzogen, was ihre Elastizität verringert. Alten, brüchigen Fahrradschläuchen gleich können sich Krampfadern bilden. Der Blutkreislauf im venösen System verlangsamt sich, und das Allgemeinbefinden leidet.

Wenn in den Gefäßwänden Kalzium abgebaut wurde, es damit zum Schutz nicht mehr zur Verfügung steht, wird leichter Cholesterin abgelagert - ein Ersatzstoff, der von den Säuren nicht angegriffen wird. Ohne Cholesterinschutz würden die Gefäßwände letztlich selbst von der Säure angegriffen.

Wenn der pH-Wert auf die saure Seite absinkt, dann verlieren die weißen Blutkörperchen ihre Vitalität, und es können sich Infektionsherde ausbreiten.

Deshalb beachten Sie die *Chang-Ming-Regeln.*

Die gefährlichsten Säureproduzenten sind:

Zucker (zu 98%),	Weißmehl,
Fleisch,	Wurst,
Alkohol,	Schokolade,
Bohnenkaffee,	Käse,
Schwarztee,	Spargel,
gehärtete und	Rosenkohl und
raffinierte Fette,	Erdnüsse.

Basisch wirken:

Kastanien,	Äpfel,
Rettich,	Möhren,
Zwiebeln,	Traubensaft,
Birnen,	Tofu,
Wassermelonen,	Lotuswurzel,
Kürbis	Süßkartoffeln,
Erdbeeren,	Magnesium,
Calzium,	Kalium.
Eisen,	

Trink-Kuren

Das beste Getränk für eine Beauty-Trink-Kur ist Quellwasser oder abgekochtes Wasser. Trinken Sie möglichst Wasser ohne Kohlensäure, um den Körper nicht zu übersäuern. Zum Beispiel vor dem Essen ein Glas Wasser, dann werden Sie weniger essen und bewahren sich eine schlanke Figur.

Gewöhnen Sie sich an, nichts zum Essen zu trinken, und geben Sie so Ihrem Speichel die Chance, die Nahrung aktiv aufzuspalten und die Vorverdauung anzuregen. Wenn Sie dennoch nicht ganz darauf verzichten können, dann trinken Sie möglichst Quellwasser oder abgekochtes Wasser. Letzteres ist in der Lage, das Zellsystem gut zu durchspülen, weil durch zwanzigminütiges Köcheln die Oberflächenspannung des Wassers verringert und so der Transport durch das Zellsystem erleichtert wird. Fruchtsäfte, Cola, Limo, Früchtetee oder Alkohol säuern sehr und haben meist einen intensiven Eigengeschmack, der den der anderen Nahrung unterdrücken kann.

Foto: Domicil

Frühestens eine Viertelstunde nach dem Essen sollten Sie trinken. Natürlich sind Abende, an denen Sie sich mit Freunden treffen und gemütlich ein Glas Wein oder insbesondere Hefeweizen oder Weißbier trinken, ausgenommen. Weizenbier ist übrigens ein guter Schlaftrunk, wenn es bei einem Glas bleibt. Es wärmt die Füße und die Nieren. Ausnahmen gehören zum Leben! Sie sollten nur nicht die Regel werden. Wenn jedoch diese Ausnahme an der Tagesordnung ist, dann genießen Sie diese auch und erfreuen Sie sich daran, das mindert einen Teil der ungünstigen Auswirkungen! Stimmungshochs fördern die Verdauung!

Trinken Sie soviel, daß Sie bis zu fünf Mal am Tag urinieren können. Dann haben Sie Ihre individuelle Trinkmenge gefunden.

Zu vieles Trinken läßt das Gewebe aufquellen, schwächt die Nieren und Abwehrkräfte.

Wenn Sie mögen, lade ich Sie nun zu neuen Gedanken ein. Wie wäre es mit einer Heilpflanzen-Tee-Kur? Tee ist die reinste Medizin und Genuß dazu. In den Krankenhäusern für Traditionelle Chinesische Medizin in China findet man immer Tee als Begleiter von Therapien. Große Kannen stehen an den Krankenbetten. In Schönheitssalons und Beauty-Farmen auf der ganzen Welt findet sich für die schönheitswilligen Frauen, und zunehmend auch Männer, als Willkommenstrunk Tee.

Beauty Feng Shui mit der Heilpflanzen-Tee-Kur

Trinken Sie dreimal täglich, morgens, mittags und abends eine Tasse mit jeweils zwei gemischten Teesorten. Pro Tasse nehmen Sie einen gehäuften Teelöffel von jeweils einer Teesorte.
Ausnahme Enzian: nur einen halben Teelöffel.

Heilpflanzen-Tee-Kur

1. Woche:

Anis und Schafgarbe mit je einem Teelöffel pro Tasse, so werden Feuer- und Metall-Chi normalisiert und angeregt.

2. Woche:

Schafgarbe und Rosmarin gemischt, sind wunderbar für die Feuer-Chi-Normalisierung.

3. Woche:

Enzian und Melisse normalisieren in anregender Weise das Erd- und Wasser-Chi.

4. Woche:

Lavendel und Löwenzahn sind gemeinsam ausgleichend, normalisierend und anregend für das Holz-Chi.

5. Woche:

Löwenzahn und Schafgarbe sind gemeinsam ausgleichend für Feuer- und Holz-Chi.

6. Woche:

Rosmarin und Fenchel zu je gleichen Teilen normalisieren das Wasser-Chi.

7. Woche:

Rosmarin und Enzian wirken harmonisierend auf das Wasser-Chi.

8. Woche:

Melisse und Brennessel beruhigen und normalisieren das Holz-Chi.

9. Woche:

Löwenzahn und Melisse beruhigen zum Abschluß der Kur Erde- und Holz-Chi.

Im Überblick die Fünf-Elemente-Wirkungen von Teesorten:

Feuer-Chi	Rosmarin regt an Brennessel beruhigt Melisse regt an Löwenzahn beruhigt
Erd-Chi	Anis beruhigt Melisse beruhigt
Metall-Chi	Schafgarbe regt an Lavendel beruhigt Enzian regt an Melisse beruhigt
Wasser-Chi	Enzian regt an Fenchel beruhigt Brennessel regt an Lavendel beruhigt Löwenzahn regt an
Holz-Chi	Anis regt an Enzian beruhigt Rosmarin regt an Brennessel beruhigt Löwenzahn regt an

Jede Teesorte kann ein Segen sein, wenn Sie speziell eines Ihrer Elemente anregen oder beruhigen wollen. Wenn Sie darüber hinaus eine gemischte Teekur durchführen möchten, bestehend aus Teesorten, die für verschiedene Elemente wohltuend sind, so empfehle ich die nachfolgende Tee-Kur.

Für eine andere Tee-Kur, die alle Elemente beinhaltet, benötigen Sie:

160 Gramm	Rosmarinblätter,
je 100 Gramm	Anis, Löwenzahn, Schafgarbenkraut
je 70 Gramm	Enzianwurzel, Fenchel
60 Gramm	Melissenblätter
je 40 Gramm	Brennessel, Lavendelblüten

Mischen Sie die Kräuter der Tee-Kur zusammen, kochen Sie einen halben Teelöffel der Kräuter pro Becher auf und lassen sie diesen Tee fünf Minuten ziehen. Dann seien Sie ihn ab und trinken ihn schlückchenweise.

Sie können aber auch grünen Tee, Pu Erh, Tua Cha, Jasmintee, Blütentee, weißen Knospentee und schwarzen Tee kaufen und folgendermaßen einteilen:

Morgens, zur Zeit des Holzes, ist grüner Tee erfrischend und weckt die Lebenskraft.

Mittags, zur Feuer-Zeit, passen Pu Erh- und Tua Cha-Tees nach dem Essen.

Nachmittags, zur Zeit der Erde, ist Jasmintee-Zeit. Auch schwarzer Tee, mit einigen Jasmin-Blüten versetzt, schmeckt lieblich.

Viel Freude und gutes Gelingen bei der Heilkräuter-Tee-Kur zur Erhaltung der Schönheit!

Farben in der Küche

Foto: Domicil

Foto: Domicil

Foto: Domicil

Beauty Feng Shui macht noch nicht einmal vor der Küche halt. Denn Schönheit geht bekanntlich durch den Magen. Zunächst sind die Farben für die Küche von Bedeutung. Wählen Sie beispielsweise Weiß als Grundton, um die Farben der Speisen besser zur Geltung kommen zu lassen. Wollen Sie darüber hinaus auf Ihr Gewicht regulierend eingehen, so wählen Sie blaue, kühle Yin-Farben, die den Appetit zügeln und Orangetöne, wenn sie den Appetit anregen möchten. Die Farben lassen sich hervorragend im Eßgeschirr, Platzdeckchen oder Geschirrtüchern einbringen.

Das Essen selbst sollte in einer behaglichen Athmosphäre, an einem runden Tisch und in einer geschützten Räumlichkeit in Ruhe eingenommen werden. Vermeiden Sie Eßplätze, die zu weit von der Küche entfernt sind und sogenannte Durchzugslinien, die entstehen, wenn sich der Eßplatz in einem offenen Bereich zwischen Flur und Wohnzimmer befindet. Auch ein Platz vor einer Treppe ist ungünstig und führt zu einer hektischen Nahrungsaufnahme, die wiederum zu einem Ungleichgewicht der Chi-Kräfte führt, worunter die Schönheit leiden könnte. Ob mit einem Paravent, einer Vitrine, Bücherregal oder einem Vorhang und hochlehnigen Stühlen - verschaffen Sie sich eine gute Rückwand auch beim Essen, damit Sie ruhig und ungestört genießen können und sich die Energie zuführen können, die Ihr Körper braucht.

Farben essen

Farben essen bedeutet nicht, daß Sie das entsprechende Element anregen oder beruhigen. Es bedeutet in erster Linie, diesem tatsächlich die farbigen Bestandteile der Nahrung zuzuführen. Deshalb sind farbige Dekorationen von besonderem Wert, die auf dem Tisch, wie auf dem Teller eine Kombination von Rot, Gelb, Weiß, Blau und Grün - den fünf Grundfarben- enthalten.

Essen Sie täglich von jeder Farbe etwas. Nehmen Sie beispielsweise *Rot*, die Farbe des Feuers, in Form von vollreifen Tomaten (nicht zu viel), Himbeeren, Erdbeeren, rotem Paprika, Kirschen und Johannisbeeren zu sich, oder entsprechende Frucht- oder Obstsäfte.

Foto: Domicil

Um sich im Erd-Element die richtige Farbe zuzuführen, braucht es die Aufnahme von gelben Nahrungsmitteln, die den süßlichen Geschmack haben. Gelb bekommen Sie beispielsweise durch Weizen, Roggen, Hafer, Dinkel, Mais, Aprikosen, Pfirsiche und Eigelb (in kleinen Mengen). Besonders der gelblichen Butter ist eine gute Durchfeuchtung der Haut zu verdanken.

Die Farbe *Weiß* ist dem Metall-Element zugeordnet. Rettich, Zwiebeln, Knoblauch, Spargel, Blumen- und Weißkohl gehören beispielsweise zu den weißen Nahrungsmitteln.

Auch die *blaue* Farbe darf nicht fehlen. Sie entspricht dem Element Wasser. Essen Sie beispielsweise Pflaumen, Auberginen, blaue Trauben, Blaubeeren und Rotkohl.

Die *grüne* Farbe nehmen Sie mit Gurken, grünen Äpfeln, Grünkohl, Spinat, grünen Trauben und insbesondere dem Löwenzahnsalat zu sich. Mit Grün führen Sie dem Holz-Element seine Farbe zu.

2. Säule der Schönheit:

Die kaiserlichen Verjüngungsübungen

Strahlende Gesundheit und langes Leben sind die natürliche Folge von „Hui Chun Gong-Übungen", den kaiserlichen Verjüngungsübungen.

Körperübungen waren schon immer Teil der chinesischen Kultur und wurden als Ausdruck von Gefühlen, zur Erhaltung der Geschmeidigkeit und zum eigenen Vergnügen ausgeführt. Jede einzelne dieser Bewegungen erfordert Aufmerksamkeit und Konzentration auf die Details, um letztlich eine Gesamtharmonie zu erreichen. So wird der Geist geklärt, und die harmonische Dynamik der Bewegung macht es möglich, das körperliche Gleichgewicht der Kräfte zu erhalten.

Im Huasan-Kloster und im Kaiserpalast des alten China wurde lange das Geheimnis gehütet, bis sich Meister Gong dem Westen öffnete und die Übungen preisgab.

Über Tausende von Jahren hinweg dienten die Übungen einerseits der Vervollkommnung der Anmut und Schönheit, andererseits aber auch der Gesunderhaltung und Behandlung von Krankheiten.

1100 v.Chr. begann mit der Chou-Dynastie diese Art der Übungen, eine neue Bewegungsfolge, die mit den vormals straffen Bewegungen nichts mehr gemein hatte. Vielmehr wurden die Bewegungen jetzt sanfter und lustvoller. Die Fünf Elemente - Wu Hsing - sind die Grundlage der verjüngenden Übungen.

Die Fünf-Elemente - Wu Hsing - sind im einzelnen:

Feuer - Erde - Metall - Wasser - Holz

Fünf Farben, Emotionen und Geschmacksausrichtungen sind mit ihnen verbunden:

Feuer - rot, Freude, bitter

Erde - gelb, Glaube, süß

Metall - weiß, Zuversicht, scharf

Wasser - blau, Mut, salzig

Holz - grün, Vertrauen, sauer

Die fünf *Wu Hsing* befinden sich in einem sich ständig wandelnden Kreislauf: So wie der Morgen dem Abend, der Sommer dem Winter weicht, die Wärme von der Kälte abgelöst und die Kräfte des Winters nach innen und die Frühjahrskräfte nach außen gerichtet sind.

Die innere Energie, *Neichung Chi*, und die Lebenskraft, *Sheng Chi*, sollten durch die Übungen in Harmonie mit der äußeren Energie, *Ching Sheng Li*, gelangen, so daß der Wandel der Fünf Elemente unterstützt wird.

In der Zeit der Chou-Dynastie lebten die berühmten Philosophen Konfuzius, Lao-tse und Chuang-Tze. Ihre Philosophie wurde anhand der auch von ihnen praktizierten Übungen sichtbar: Das Gleichgewicht von Yin und Yang sollte durch sie hergestellt und erhalten werden.

Yin und Yang sind zwei entgegengesetzte Energien, die zusammen im Tao verschmelzen. Sie sind im äußeren Lebensumfeld wie auch im Körperinneren zu finden.

Gesundheit und Schönheit resultieren aus dem Gleichgewicht der beiden Pole Yin und Yang.

136-208 n.Chr. lebte Hua Tór, der Begründer der „Fünf-Tier-Übungen“, Hirsch, Kranich, Tiger, Affe und Bär, die man zu höchster Vollkommenheit und Perfektion entwickelte. Zusammen mit der Atemtherapie - Tao Yin - sollte man in Gesundheit und Schönheit das Alter von hundert Jahren erreichen. Mit den Hui Chun Gong-Übungen konnte man seine Schönheit und Gesundheit tatsächlich bis in das hohe Alter bewahren.

In erster Linie sollten Sie lernen, Chi, die Quelle aller Bewegungen im Körper, zu entdecken.

Was Sie für die Durchführung der Übungen beachten sollten:

1. Sollten Sie bereits Tai-Chi-Übungen kennen, so werden Sie hier Ähnlichkeiten in der Bewegungsausführung feststellen können, denn die kaiserlichen Verjüngungsübungen waren der Ausgangspunkt für Tai Chi.

2. Wählen Sie lockere Kleidung.

3. Legen Sie allen Metallschmuck ab, fühlen Sie sich frei und unbeschwert.

4. Schaffen Sie sich eine Atmosphäre von Frieden und Ruhe.

5. Lüften Sie oder gehen Sie nach Möglichkeit auf den Balkon, die Terrasse, den Garten oder in einen Park.

6. Die beste Zeit für die Übungen ist nach dem Aufstehen, zwischen 6 und 7 Uhr morgens und vor Sonnenuntergang.

7. Ihre Mahlzeiten sollten Sie so legen, daß Sie frühestens eine Stunde nach den Übungen essen. Bedenken Sie, daß die von Ihnen bewegte Energie Zeit benötigt, um im Dienste von Gesundheit und Schönheit tätig zu werden.

8. Schauen Sie nach Möglichkeit in die Richtung der Morgen- bzw. Abendsonne, wenn Sie mit Ihren Übungen beginnen.

9. Konzentrieren Sie Ihre Aufmerksamkeit auf den Energie-Punkt, Tandiem, drei Querfinger breit unterhalb des Bauchnabels.

10. Entspannen Sie Körper und Geist.

11. Beginnen Sie die Übungen mit einem Lächeln.

12. Beginnen Sie mit ein paar tiefen Atemzügen. Zählen Sie *beim Einatmen* eins, zwei, drei und *beim Ausatmen* eins, zwei, drei, vier, fünf, sechs, sieben, acht, neun...(so weit Sie können).

13. Sanfte, langsame und fließende Bewegungen, wobei die Bewegungen nicht angehalten oder unterbrochen werden, sollten Ihr Leitbild sein.

14. Behalten Sie die Balance. Stellen Sie Ihre Füße immer wieder voll auf den Boden, als klebten Sie an ihm.

Anmerkung vom Verfasser

Die Bewegungen fördern Anmut und Schönheit.

Anmut und Schönheit sind zwei nicht zu trennende Begriffe, wo das Eine ist, ist auch das Andere nicht weit.

Das *Sheng Chi* - die innere Kraft des menschlichen Organismus ist unermeßlich groß und kann mit den Übungen jederzeit aktiviert werden.

1. Eröffnungsübung

Stehen Sie aufrecht und richten Sie Ihren Blick nach vorn, auf einen imaginären Punkt am Horizont. Konzentrieren Sie Ihre Aufmerksamkeit nun auf Ihren Tandiem Punkt, den Punkt der Energiesammlung, drei Querfinger unterhalb Ihres Bauchnabels. Stellen Sie die Füße zusammen und schließen Sie die Knie. Halten Sie nun Ihre beiden Handflächen mit den Fingerspitzen nach oben gerichtet über Ihrem Kopf zusammen. Einatmen, Pause und beim Ausatmen senken Sie die Hände, so daß die Fingerspitzen vor Ihrer Nase stoppen, Pause, Fingerspitzen fußwärts richten, die Hände öffnen und einen Kreis aufwärts und kopfwärts beschreiben, dabei einatmen und die Handflächen wieder schließen.

2. Übung - Schulteröffnen

Beachten Sie die natürliche, tiefe Atmung während dieser Übung.

Stellen Sie die Beine schulterbreit auseinander. Atmen Sie ein, Pause. Gehen Sie leicht in die Knie, atmen dabei aus, und legen Sie Ihre Hände auf die Oberschenkel, mit den Fingerspitzen zum Knie weisend. Rutschen Sie nun mit den Händen auf den Oberschenkeln bis zum Knie. Pause. Wenn Sie das natürliche Bedürfnis nach Einatmung verspüren, dann richten Sie sich langsam wieder auf, nehmen die Schultern zurück und bleiben leicht gebeugt in den Knien stehen. Die Arme hängen locker am Körper. Pause. Sie beginnen wieder von vorn, indem Sie sich nach vorn beugen und die Hände auf den Oberschenkeln zum Knie gleiten lassen. Wiederholen Sie diese Übung achtmal.

3. Übung - Die Rückkehr des Frühlings

Stellen Sie die Beine schulterbreit auseinander. Richten Sie Ihren Blick nach vorn und bleiben Sie aufrecht, mit locker am Körper hängenden Armen, stehen. Beide Füße lassen Sie wie verwurzelt, fest auf dem Boden stehen. Federn oder wippen Sie 165 Mal (ursprünglich 164 Mal) in den Knien. Achten Sie darauf, daß die Bewegung tatsächlich nur aus den Kniegelenken heraus kommt und die Arme locker der Bewegung folgen können. So werden die Schultern und Arme automatisch mit in Bewegung gesetzt und ausgeschüttelt.

Diese Übung sollten Schwangere vermeiden!

Foto: H. Moogk

4. Übung - Schulterkreisen

Foto: H. Moogk

Lächeln Sie und lassen Sie Ihren Blick in die Ferne, auf einen Punkt gerichtet, schweifen. Entspannen Sie Ihre Schultern und stellen Sie Ihre Beine schulterbreit auseinander.

Verlagern Sie nun Ihr Gewicht auf das rechte Bein und heben Sie dabei die linke Ferse leicht vom Boden ab. Der Vorfuß bleibt fest verwurzelt stehen. Ihr rechter Arm beschreibt einen Halbkreis, eine aufgehende Sonne, von der Körpermitte bis zur rechten Außenseite.

Dann das Gewicht nach links verlagern. Der linke Arm beschreibt einen Halbkreis nach links, die rechte Ferse hebt sich leicht vom Boden ab u.s.f. Bewegen Sie sich nach jeder Seite hin achtmal.

5. Übung - Vitalenergie

Foto: H. Moogk

Foto: H. Moogk

Lächeln Sie und beginnen Sie im schulterbreiten Stand. Wenden Sie sich im nächsten Schritt zur linken Seite, indem Sie den linken Fuß anheben, die Fußspitze nach oben ziehen und den Fuß mit einem Schritt nach links abstellen. Heben Sie bei dieser Bewegung beide Hände in Gesichtshöhe, mit den Handinnenflächen zu Ihnen gewandt. Wenn Sie auf der linken Seite im Stand angekommen sind, ist die linke Hand höher als die Rechte. Wenden Sie nun Ihre ganze Aufmerksamkeit dem linken Handteller zu, schließen nun die Finger zur Faust, öffnen die Hand und drehen die Handinnenfläche nach außen. Ziehen Sie die rechte Fußspitze zur linken Ferse kurz heran, tippen Sie an der linken Ferse kurz an, und führen Sie Ihre rechte Fußspitze zur rechten Seite, dabei bewegen sich beide Hände mit: Die linke Hand wandert im Halbkreis vor dem Körper, indem sie ein U beschreibt, in die rechte Hand schauen Sie und führen diese vor den Augen zur rechten Seite. Jetzt stehen Sie in L-Form mit den Füßen zur rechten Seite gewandt. Schließen Sie die rechte Faust und beginnen nun seitengleich von Neuem. Auf jeder Seite achtmal.

Schwangere sollten diese Übung vermeiden.

6. Übung - Der Vogel-Rock fliegt

Foto: H. Moogk

Lächeln Sie. Stehen Sie mit den Füßen schulterbreit auseinander. Entspannen Sie sich. Verlagern Sie das Gewicht zur rechten Seite, und halten Sie den rechten Arm höher als den linken, so, als ob Sie einen Ball zwischen den Händen hielten. Schauen Sie über die Schulter zur linken Seite. Bewegen Sie den zwischen Ihren Händen gedachten Ball vor dem Körper, in U-Form, nach links, und verlagern Sie dabei das Körpergewicht auf die linke Hüftseite. Einmal ist die linke Hand, auf der linken Seite, oben und die rechte Hand, wenn Sie den Ball auf der rechten Seite halten. Schauen sie über die rechte Schulter, und beginnen Sie von Neuem. Jede Seite achtmal.

7. Übung - Pumpen des Yin

Stehen Sie mit beiden Füßen zusammen, und stemmen Sie die Hände in die Hüften. Konzentrieren Sie Ihren Blick geradeaus, in die Ferne. Verlagern Sie Ihr Gewicht nach vorn, in die Knie, heben Sie die Fersen und wieder zurück. Achten Sie darauf, daß sich bei dieser Übung die Knie berühren.

Heben und senken Sie die Fersen achtmal.

8. Übung - Stärkung der Nieren

Schließen Sie die Füße zusammen, und bilden Sie mit den Zeigefingern und Daumen jeweils einen Kreis. Legen Sie nun die Finger auf den Rücken und lassen Sie dabei die Knöchel der Mittelfinger sich berühren. Gehen Sie etwas in die Knie. Dehnen Sie sich nun leicht, mit gerader Wirbelsäule, nach hinten, und halten Sie den Kopf dabei in Verlängerung des Rückens mit Blick nach vorn oben gerichtet. Bitte nicht den Kopf dabei in den Nacken abknicken. Dehnen und lösen Sie. Wiederholen Sie diese Übung achtmal.

9. Übung - Das Herz beleben

Schließen Sie die Füße. Halten Sie beide Hände geschlossen in Brusthöhe vor Ihren Körper. Die Fingerspitzen sind dabei kopfwärts gerichtet. Ellenbogen nach außen drücken. Halten Sie den Blick in der Körpermitte, nach vorn gerichtet. Schieben Sie nun auf einer gedachten, geraden Strecke Ihre Hände nach rechts und die Hüfte zur linken Seite heraus. Lächeln Sie und wechseln zur anderen Seite. Verharren Sie jeweils in der Körpermitte einen Moment und schieben gegengleich Hüfte und Arme zur anderen Seite. Wiederholen Sie diese Übung achtmal zu jeder Seite.

Foto: H. Moogk

10. Übung - Drachenschwünge

Foto: H. Moogk

Beide Handflächen und die Füße sind zusammen wie bei Übung Nummer neun. Formen Sie mit beiden zusammengehaltenen Händen Schlangenbewegungen nach unten, dabei etwas in die Knie gehen, und nach oben über den Kopf. Wieder zurück und von neuem beginnen. Der ganze Körper sollte geschmeidig wie der fliegende chinesische Drache diesen Bewegungen folgen.

Führen Sie diese Bewegung achtmal in jede Richtung aus.

Jeder Wirbel und Muskel wird mit dieser Übung gelockert!

11. Übung - Himmelsscheibe 1 und 2

Schließen Sie beide Füße, und stehen Sie mit diesen fest auf dem Boden. Halten Sie den Blick in der Mitte.

Beschreiben Sie mit beiden, parallel gehaltenen Händen acht vertikale Kreise über Ihrem Kopf, vier im Uhrzeigersinn und vier in der entgegengesetzten Richtung. Setzen Sie dabei die Bewegung des ganzen Körpers mit ein. Bei dem Kreis in Richtung vor dem Körper sind die Hände im Handgelenk vor dem Körper nach fußwärts abgeknickt, und die Handflächen zeigen zum Boden. Sind die Hände beim Kreisen hinter dem Kopf, dann öffnen Sie die Handflächen zum Himmel hin und knicken diese ca. 90 Grad im Handgelenk ab. Auf jeder Seite achtmal.

So nehmen Sie die kosmische Energie des Himmels in sich auf.

12. Übung - Erdenkreisen

Stellen Sie die Füße schulterbreit auseinander. Dann beginnen Sie mit der linken Seite, indem Sie einen Schritt nach links unternehmen, ziehen Sie dazu zunächst die Fußspitzen nach oben, Bein heben und links abstellen. Der rechte Fuß dreht sich, in Blickrichtung der Zehen, ebenfalls nach links. Beugen Sie nun die Arme in Brusthöhe an, und richten Sie die Ellenbogen nach außen. Drehen Sie die Handinnenflächen zum Boden. Formen Sie nun einen liegenden Kreis, indem Sie sich mit dem Körper nach links bewegen und die Arme dabei ausstrecken, wieder anziehen und an der rechten Körperseite vorbei gleiten lassen. Wenn Sie wieder in Brusthöhe ankommen, dann ist der Kreis vollendet. Bewegen Sie den ganzen Körper so, als ob Sie einen großen horizontalen Kreis, der in Taillenhöhe vor Ihnen liegt, nachfahren wollten. Wechseln Sie ab, indem Sie einmal den Kreis zur rechten Seite fahren und einmal zur linken.

Auf jeder Seite sollte achtmal geübt werden.

Mit dieser Bewegung nehmen Sie die Energie der Erde in sich auf.

13. Übung - Die Schildkröte zieht den Kopf ein

Ahmen Sie die Bewegung der Schildkröte nach. Lockern Sie dabei Kopf und Schultern. So führen Sie die Übung aus:

Stellen Sie die Füße schulterbreit auseinander. Formen Sie einen Ball mit Ihren Händen, indem sich die rechte Hand oberhalb und die linke unterhalb des gedachten Balls befindet. Drehen Sie sich zur linken Seite, und bewegen Sie die linke Hand mit der Handinnenfläche in Augenhöhe, die rechte Hand gleitet in Hüfthöhe. Schauen Sie in den Handteller der linken Hand hinein, drehen dann die Hand zur „Hasenpfotenstellung“ und holen nun auch die rechte Hand, mit der Handfläche zum Boden weisend, in Höhe der Linken. Beide Hände befinden sich nun in „Hasenpfotenstellung“. Drehen Sie beide Hände dann zu sich, so daß Sie in die Handinnenflächen schauen können. Beugen Sie sich leicht zurück, und führen Sie beide Hände an Ihrer Körpermitte entlang. Gehen Sie dabei in die Kniebeuge. Ihre Hände gleiten an den Knien vorbei, dann strecken Sie die Arme, wechseln die Handstellung zur „Hasenpfote“ und richten sich wieder auf, indem Sie sich leicht nach hinten beugen. Bewegen Sie beide Hände in Ohrenhöhe. Stoppen Sie die Bewegung für einen Moment, und kehren Sie die Bewegung in eine Vorwärtsbewegung um. Gleiten Sie nun mit beiden Händen von den Ohren, über das Haupt bis zur Körpervorderseite. Strecken Sie dabei die Ellenbogengelenke aus und gehen Sie bis zu den Knien nach vorn runter. Beim Aufrichten formen sich die Hände wieder zur „Ball-Halte-Stellung“ zusammen, und Sie wechseln die Seite. Die rechte Hand geht in Gesichtshöhe nach vorn. Nehmen Sie Augenkontakt auf. Drehen Sie die Hand zur „Pfötchenstellung“, und holen Sie die linke Hand in die gleiche Stellung nach. Wiederholen Sie nun die Übung wie für die linke Seite beschrieben.

Jede Seite bitte viermal, also insgesamt bewegen Sie achtmal beide Seiten.

14. Übung - Froschschwimmen

Ahmen Sie einen schwimmenden Frosch nach.

Beide Füße bleiben geschlossen, die Knie zusammen. Gehen Sie leicht in die Knie. Beide Hände zeigen mit den Handflächen nach unten, bodenwärts. Jetzt beschreiben Sie Halbkreise mit beiden Armen gleichzeitig, ähnlich dem Brustschwimmen. Halten Sie den Rücken gerade und die Knie zusammen. Die Hände führen acht Schwimmbewegungen aus, acht im Uhrzeigersinn und acht in der Gegenrichtung.

Foto: H. Moogk

15. Übung - Der Phönix breitet die Flügel aus

Foto: H. Moogk

Sie beginnen im schulterbreiten Stand. Wechseln Sie Ihre Fußstellung zum Schritt nach links, in L-Schritt-Form. Formen Sie einen Ball zwischen Ihren Händen, den Sie quasi in Hüfthöhe, auf der rechten Seite, tragen. Die rechte Hand ist oben, die linke Hand ist unten. Lassen Sie nun die linke Hand in Augenhöhe nach oben gleiten, währenddessen Ihre rechte Hand in Hüfthöhe abgleitet. Halten Sie den Augenkontakt für einen Moment mit der Handinnenfläche der linken Hand, und drehen Sie diese dann nach außen. Gleichzeitig drehen Sie die Handinnenfläche der rechten Hand himmelwärts und bewegen diese nach oben. Schauen Sie über Ihre rechte Schulter dieser Bewegung nach. Führen Sie diese Bewegung so langsam und fließend wie möglich aus, um die kosmische Energie durch Ihren Körper zirkulieren zu lassen.

Führen Sie jede Bewegung achtmal aus.

16. Übung - Drei hohe Sterne

Stellen Sie die Füße parallel zusammen, und lassen Sie die Arme neben dem Körper hängen. Atmen Sie ein und ziehen Sie die Arme langsam, scheinbar bleischwer, mit den Fingerspitzen zum Boden herabhängend, hoch zum Kopf. Drehen Sie die Handflächen über dem Kopf himmelwärts, die Fingerspitzen zeigen zueinander, die Ellenbogen nach außen, und verharren Sie einen Moment lang in dieser Atempause. Bewegen Sie dann die Arme mit der Ausatmung wieder zurück.

Wiederholen Sie die Übung achtmal und beschließen Sie den Übungskomplex, indem Sie sich verbeugen.

3. Säule der Schönheit: Die Düfte

Die fünf Wandlungsphasen Feuer, Erde, Metall, Wasser und Holz sind auch mit den Düften des Frühlings, Sommers, Spätsommers, Herbstes und Winters verbunden. Die Düfte haben sowohl Yin wie auch Yang-Eigenschaften. Was Düfte für Sie tun können und wie sie wirken, erfahren Sie in diesem Kapitel.

Frauen benutzten Düfte schon immer gern als Lockmittel für Männer (diese natürlich benutzen sie auch) und zur Unterstreichung ihrer weiblichen Ausstrahlung. Frauen wußten um die Wirkung des Parfüms, und Männer erliegen seit Generationen diesem Bann. Wissenschaftler haben historische Instrumente zur Herstellung von Parfüm und Riechstoffen gefunden, die mehr als dreißigtausend Jahre alt sind!

Es gibt Düfte, die stark erotisierend wirken, die die Lust auf körperliche Zärtlichkeit erhöhen. Die Stoffe dazu werden aus tierischen und pflanzlichen Produkten gewonnen. Die stärkste Wirkung auf Männer hat die Blüte der Tuberose. Diese Blüte verströmt einen Duft, der dem des weiblichen Geschlechtsorganes sehr ähnlich ist. Der Arzt Monsieur Ferée fand sogar heraus, daß die Muskulatur des Mannes sofort reagiert, wenn er diesen Geruch in die Nase bekommt.

Frauen wenden das Parfüm da an, wo das Blut pulsiert, an der Schläfe, hinter den Ohren, in den Armbeugen, an den Handgelenken und in den Kniekehlen.

Ein Tröpfchen ins Badewasser und ein Hauch auf das frisch gewaschene Haar haben eine nachhaltige Wirkung auf den männlichen Partner. Er folgt unwillkürlich diesem Duft, wie die Motte dem Licht.

Foto: Primavera Life

Düfte sind faszinierend und wecken die Freuden des Lebens, wie auch Erinnerungen, die mit ihnen verbunden sind. Ob frische Kräuter der Natur, die stark oder lieblich duften, aromatische Gehölze und Harze oder die Düfte von Früchten und Blüten, die Düfte wirken auf das Gehirn, auf die Psyche und Seele. Glücklich und schön zu sein bedeutet, in Harmonie mit den Düften zu leben.

Wählen Sie zwischen Yang- oder Yin-Düften, je nach Verfassung, Stimmung und Tageszeit. Yang-Düfte sind Sommerdüfte, in denen Fruchtiges, Schweres und Betörendes steckt. Yang-(Feuer)-Düfte sind mit der Energie des Mittags verbunden. Der Geruch ist warm, schwül, blumig und bitter.

Die Energie, die von diesen Düften ausgeht, tonisiert insbesondere Herz, Kreislauf, Dünndarm und den Gefäßregulator Dreifach-Erwärmer.

Der Duft des Elements Feuer vermittelt Freude, Liebe und ein strahlendes Aussehen.

Im Beauty Feng Shui verwendet man Yang- wie Yin-Düfte in Aromalampen, als Parfüm oder bewußt in den Küchenplan eingebaut. Strahlendes Aussehen und Glück zu gewinnen, heißt, mit den Düften in Harmonie zu leben, weder Yin- noch Yang-Düfte abzulehnen, noch einer Richtung den Vorrang zu geben. Wählen Sie nach Jahreszeit und Stimmung Ihren Duft.

Riechen Sie sich schön

Lassen Sie uns zunächst mit dem Duft des Yang beginnen, der Sie aktiv unterstützt, Ihnen Klarheit vermittelt und Sie wärmt. Erfahren Sie nachfolgend, wie Sie das Wesen des Yang erkennen, in sich selbst entdecken und was der Yang-Duft bewirken kann.

Wie Sie erkennen, ob Sie eher eine Resonanz zum Duft des Yang haben:

Wenn Sie selbst in innerer Harmonie mit den Yang-Düften sind, so könnte sich das darin zeigen, daß nicht nur Ihre Augen, sondern auch der Verstand klar und präzise arbeiten. Ihr Anblick wird an einen warmen Sommertag erinnern und Ihr feuriges Wesen andere noch lange an Sie denken lassen. Sie selbst fühlen sich wohlig warm, weder Hände, Füße, noch die Nase sind kalt. Überwiegend verfügen Sie über innere Hitze, die dazu führt, daß Sie weder zu schnell schwitzen, noch sich zu langsam erwärmen.

Foto: Primavera Life

Ihr Wesen ist feurig, voller Wärme und Licht, kraftvoll, antreibend und sprühend vor Lebenskraft. Das Leben wird mit Neugier aufgenommen und mit Verständnis und Einsicht geführt. Ein Mensch mit einer guten Feuer-Energie wird nicht übersehen und findet überall Beachtung. Leicht erinnert man sich an seine Anwesenheit ,und das Wiedererkennen ist garantiert. Im Yang gut balancierte Menschen sind in der Lage, klare Entscheidungen zu fällen und gut zu unterscheiden, zu vergeben und ihre Worte von Liebe und Güte leiten zu lassen.

Sind Sie ein von Lebenskraft erfüllter Mensch, der leicht verzeihen kann? Spiegeln Sie das Feuer der Sonne wider? Lieben Sie Rot im Übermaß, oder verabscheuen Sie es ganz und gar? Ist Ihr Gesicht blaß oder von einer übermäßig roten Farbe durchzogen? In beiden Fällen könnte es sich um eine Unausgewogenheit im Yang-Element handeln.

Wenn Sie sich zu diesen Menschen zählen können, dann sind Yang-Düfte für Sie hervorragend geeignet, weil Sie eine innere Resonanz zu ihnen haben. Möchten Sie andererseits Yang-Eigenschaften entwickeln, wenn auch nur für bestimmte Situationen, dann sind Yang-Düfte eine gute Möglichkeit, Ihr Wesen und Ihre Absichten zu unterstützen.

Wo immer Sie in Ihrer Wohnung Duftlampen aufstellen, sie werden Ihnen immer ein guter Freund und Begleiter sein. Warme Räume sind in der Regel besser für die Entfaltung des warmen, yangigen Duftes, als es kalte sind. Der Duft wird sich im Raum verbreiten, Hormone werden ausgeschüttet, das Blut und die Stoffwechselfunktionen in Wallung gebracht. Die nachfolgenden rosa Wangen werden als Morgenröte des Ostens gedeutet, als Zeichen ewiger Jugend und Keuschheit. Ein Hauch von roten Wangen ist ein Zeichen von Lebensenergie. Das Blut, das in die Wangen schießt, kann nach asiatischer Auffassung auch ein Zeichen der schamhaften Errötung sein oder des in Liebe aufgehenden Verlangens.

Im Winter werden die Düfte durch Duftsäckchen im Raum verströmt.

Duft tanken können Sie auch am Kamin. Nicht nur die Wärme und der Anblick des Feuers wärmen innerlich das Herz. Sie können auch einige Zweige Rosmarin oder Lavendel verbrennen. Die frei werdenden ätherischen Öle werden den Raum zart beduften.

In der Weihnachtszeit sind es Vanille, Anis, Kardamom und Zimt. Sie gehören zu den warmen dunklen Düften und unterstreichen die weihnachtliche Stimmung.

Yang-Düfte auf einen Blick

Wie schon erwähnt, können Sie Düfte in der Küche anwenden und bewußt Kräuter für die Zubereitung Ihrer Speisen benutzen wie eingangs in der 1. Säule der Schönheit erwähnt. So werden Sie den Duft der Kräuter riechen und verinnerlichen. Oder aber Sie benutzen den Duft in Aromalampen und atmen ihn ein. Sehen Sie nachfolgend die Wirkungen der Düfte auf einen Blick.

Anis

Anis wirkt gegen innere Kälte, ist anregend, wärmend, macht die Wangen rot und unterstützt die Yang-Energien in ihren Funktionen.

Basilikum

Der Duft wirkt aufmunternd, klärend und belebend. Er hilft bei Ermüdungs- und Erschöpfungszuständen.

Benzoe

Außer in China ist Benzoe in Thailand, Borneo, Sumatra und Java bekannt. Der Duft gibt Wärme und Schutz gegenüber äußeren Einflüssen.

Cajeput

Von den Philippinen bis nach China ist Cajeput anzutreffen. Der Duft ist eher stechend, doch aktiviert er die Konzentrationsvorgänge.

Fenchel

Fenchel fördert die Klarheit der Gedanken wie auch Cajeput, aber er hält darüber hinaus auch wach, desinfiziert und ist entzündungshemmend.

Geranie

Sie bewegt Herz und Sinne hin zur Grundharmonie, öffnet die weibliche Seite, stimuliert die Sinne und erfüllt das Herz mit Freude.

Darüber hinaus zaubert die Geranie Lieblichkeit in das Antlitz.

Ingwer

Ingwer wird in China häufig in der Küche verwendet. In Duftmischungen verleiht Ingwer diesen eine frische, spritzige Duftnote.

Lemongras

Man findet es in weiten Teilen Asiens. Oft wird Lemongras wegen seiner frischen Note Tees beigemischt. In Verbindung mit Jojobaöl bringt es seine bindegewebsstraffenden Eigenschaften zur Büstenpflege ein. Es erzeugt eine optimistische Stimmung und gibt frische Energie.

Narde

Zur Findung des inneren Gleichgewichts und zur Harmonisierung der seelischen, körperlichen und geistigen Kräfte ist Narde hervorragend geeignet.

Nelke

Die Nelke erwärmt die inneren Organe, stärkt die Funktion der Nieren.

Neroli

Wer die Stimmung im Schlafzimmer anregen will, kann sich ihrer bedienen, ist sie doch ein wahrlich wirksames Aphrodisiakum.

Orange

Sie fördert die Harmonie, gibt Wärme, macht fröhlich, läßt das Herz lächeln und wirkt belebend.

Petitgrain

Petitgrain heitert das Gemüt auf und öffnet die Menschen für Neues und vor allem für ihre Mitmenschen.

Rosmarin

Er wirkt aufheiternd, desinfizierend und aktivierend.

Rosmarin hat einen bitteren und scharfen Geschmack. Er wird gern als Kraut in der Küche benutzt oder sorgt in der Duftlampe für eine anregende Arbeitsatmosphäre. Als Beimischung zu Hautölen entwickelt Rosmarin seine durchblutungsfördernden Eigenschaften für die Muskulatur.

Rosenholz

Öffnet das Herz und die Sinne. Ist blumig und lieblich. Macht anmutig und liebevoll. Gesicht und Worte werden von Rosenholz wie mit einem Weichzeichner veredelt.

Salbei

Salbei wirkt stärkend, reinigend und harmonisierend.

Darüber hinaus findet Salbei Verwendung als aufbauendes und reinigendes Duftöl. Seine warme Kraft zaubert nicht nur Farbe in das Antlitz, sondern besänftigt auch das Gemüt.

Thymian

Thymianöl hat stark desinfizierende Eigenschaften und sollte nur stark verdünnt angewandt werden. Der Duft hilft körperliche und geistige Schwäche zu überwinden, ist aromatisch und wärmend.

Wacholder

Wacholder aktiviert bei Ermüdungserscheinungen, ist würzig, aromatisch und wärmend. Sein Duft löst Verspannungen und Spuren von Angst im Gesicht.

Ylang-Ylang

Der Duft wirkt entspannend, regt die Sinne an und beruhigt.

Ylang-Ylang ist warm, sinnlich, süß und entwickelt verführerische Kräfte.

Zimt

Zimt ist in China weit verbreitet. Er vermittelt wohlige Wärme, gibt Schutz und Stärke zugleich. Er unterstützt die Meditation und wirkt Gefühlskälte entgegen.

Wie Sie Yin-Düfte unterstützen können

Können Sie sich ausruhen? Etwas liegen lassen oder absagen? Wenn Sie dies bejahen können, so sind Sie schon auf dem Weg zu einer guten Balance, oder haben Sie diese vielleicht schon erreicht? Beobachten Sie Ihre Ausatmung. Atmen Sie lange aus? Die Atmung ist lebensnotwendig und eine gute Ausatmung bedingt eine automatische Einatmung! Yin-Menschen sind etwas rundlicher angelegt als die oft hochgewachsenen, sportlich aktiven Yang-Menschen. Sie müssen aber kein Yin-Mensch sein, wenn Sie sich als Athlet gerade einmal zur Ruhe, in die Yin-Phase begeben. Bei jedem Mensch tickt der Rhythmus der Meridianuhr alle zwei Stunden einmal im Yin- und einmal im Yang-Rhythmus. Nach zehn Monaten der Aktivität gibt es zwei der Ruhe (die individuell verschieden sind). Alle zehn Jahre, die voll Yang-Kraft stecken, gibt es zwei Jahre der Ruhe, des Yin. Wer hätte das ohne Feng Shui gewußt? Sicherlich jeder, der in sich hineinfühlt. Wußten Sie, daß Sie sich alle zwanzig Jahre erneuern? Daß das, was Sie jetzt tun, sich in zwanzig Jahren in Ihrem Aussehen spiegeln wird?

Kommen wir zurück zum Yin. Sind Sie in der Lage abzuschalten und Ruhe walten zu lassen, oder jagen Sie wie „Richard Gimpel auf der Flucht" dem Leben hinterher? Wer viel hastet, erreicht am wenigsten. Da unser Aussehen von dem was wir denken, fühlen, sprechen, unserer Ernährung und Bewegung geprägt wird, würden wir letzlich müde und erschöpft aussehen und uns auch ebenso fühlen.

Gönnen Sie sich mit den Yin-Düften eine Prise Ruhe, und schalten Sie Hektik und Streß ab, indem Sie sich in Haus und Garten an ihnen erfreuen.

Yin-Düfte auf einen Blick

Eisenkraut

Eisenkraut wirkt entspannend, ausgleichend und harmonisierend. Der zitronenartige Geruch wird gern zur Unterstützung der Hautfunktionen angewandt: einmal in der Duftlampe, zum anderen als Beimischung zu Hautölen.

Jasmin

Die Blüten werden morgenfrisch geerntet. Um den Extrakt von 1 Liter reinstem Jasminöl zu gewinnen, braucht man 8 Millionen Blüten! Acht ist die Zahl der Verbindung von Himmel und Erde, des Erfolges und der Ewigkeit. (Lesen Sie dazu auch das Buch:"Geheimsymbolik des Feng Shui" und „Der große Feng Shui Ratgeber").

Jasmin hilft bei Stress, gibt Selbstvertrauen, hilft die Angst vor anstehenden Problemen zu überwinden, ist ein gutes Geburtsöl und wirkt emotional wärmend.

Lavendel

Seit Jahrtausenden stabilisiert Lavendel die Psyche und hilft bei der Lösung emotionaler Konflikte. Mit Lavendel in der Duftlampe können Sie Angst und Streß loslassen und ohne Schlafmittel in einen tiefen und gesunden Schlaf fallen.

Melisse und Zitronenmelisse

Sie ist das Lebenselixier generell und galt früher wie heute als ein ausgezeichnetes Herzmittel, weil sie beruhigende Eigenschaften hat. Gerade nach Schockerlebnissen, tiefer Trauer oder Angst ist sie mit ihrer Kraft das geeignete Mittel, um die wohltuenden Yin-Eigenschaften wie Ruhe, tiefen Schlaf und Zuversicht wieder einkehren zu lassen. Trinken Sie davon auch Tee, und benutzen Sie Melisse und Zitronenmelisse auch zur Zubereitung Ihrer Speisen.

Muskateller-Salbei

Sie sind überarbeitet, ein „Workoholic“ oder leiden an Schlafstörungen? Dann sollten Sie die Ursache anschauen, ändern und Muskateller-Salbei verwenden. Geben Sie auch ein paar Tropfen auf einen Wattebausch und diesen zwischen Unterhemd und Shirt (nicht direkt auf die Haut), beduften Sie den Raum, oder geben Sie ein paar Tropfen auf Ihr Kopfkissen.

Römische Kamille

Mit einem neutralen Hautöl vermischt, ergibt sie ein gutes Nervenöl. Mit ihr gewinnt man innere Stabilität und kann sich in der Menopause den Stimmungsschwankungen leichter stellen. Reiben Sie sich den Körper damit ein, indem Sie es neutralem Hautfunktionsöl beimischen, oder verwenden Sie es in der Duftlampe.

Foto: Primavera Life

4.

Säule der Schönheit:

Die Farben

Farben geben der Weiblichkeit (und natürlich auch der Männlichkeit) Glanz. Im Feng Shui beziehen sich die Beauty-Farben auch auf die Betonung Ihrer Persönlichkeit in Abhängigkeit von Ihrem Geburtsjahr und der Jahreszeit, in der Sie geboren wurden. Sehen Sie anschließend in der Tabelle nach, welche Farben Ihren Erfolg, Ihre Kreativität und Ihr Leben unterstützen, wenn Sie sie in der Kleidung, Wohnung oder beim Autokauf berücksichtigen. Entnehmen Sie der Tabelle auf Seite 87 Ihr Jahreselement, und sehen Sie dann im unteren Abschnitt auf dieser Seite, welche Farben zu Ihnen passen. Jahreselement und Jahreszeit ergeben Ihre persönliche Ausstrahlung, Erfolg und Kreativität.

Beachten Sie bitte die chinesischen Zeitspannen für die Einteilung der Jahreszeiten. Der Frühling liegt in der Zeit vom 4. Februar bis 5. Mai. Der Sommer geht vom 6. Mai bis 7. August. Der Herbst vom 8. August bis 7. November und der Winter vom 8. November bis 3. Februar.

Sind Sie in einem Jahr des Feuers geboren und das im Sommer, also in der Zeit 6. Mai bis 7. August, dann sind Ihre besten Farben dunkelblau und grau.

Des Himmels Wolken jadegrün,
Der Boden voll von gold'nem Laub
Des Wassers Wogen tragen Herbstes Farben
Und werden wieder jadegrün
Das rötliche Versteck der Sonne spiegelt nun der Berg
Und beide finden sich erneut im immergrünen See.

(Gedicht der Song-Dynastie)

Jahr	Jahreszeit	Farben
Holz	Frühling	weiß
	Sommer	grün, hell- und dunkelblau
	Herbst	rot, blau
	Winter	braun, lila
Feuer	Frühling	hellgrün, rosé,
	Sommer	dunkelblau, grau (akzentuiert)
	Herbst	blau, grün
	Winter	grün, rot
Erde	Frühling	rosé, creme
	Sommer	dunkelblau, weiß, schwarz
	Herbst	rot, gelb, braun
	Winter	rot, grün, lila, braun
Metall	Frühling	gelb, rosé, weiß
	Sommer	dunkel- und hellblau
	Herbst	grün, blau, rot
	Winter	rot, grün
Wasser	Frühling	grün, rosé, braun
	Sommer	weiß, dunkel- und hellblau
	Herbst	grün, gelb
	Winter	rot, rosé

Die Rezeptoren der Haut erkennen das Licht und damit auch die Schwingungsanteile der darin befindlichen Farbe. Die Farbe bewirkt einen Reiz auf den Hypothalamus (Zwischenhirn für vegetative Reaktionen). Endokrine Reaktionen werden ausgelöst, genauso die Hormonproduktion gesteuert, die Atmung, der Stoffwechsel und der Blutdruck beeinflußt. Die energetischen Impulse im Farblicht sind in der Lage, die Unregelmäßigkeiten, wie klimatischen Streß und Umweltgifte, im Schwingungsverhalten der Zellen auszugleichen. Blinde fühlen einen blauen Raum, und auch bei allen anderen sinkt die Körpertemperatur. Im roten Raum steigt die Körpertemperatur, im blauen sinkt sie.

Schaut man sich die Theorie des Lichts an, so muß man bei Max Planck (1858-1947) beginnen. Er hatte die Theorie aufgestellt, daß Licht aus winzigen, unveränderbaren Energiepaketen (Quanten) zusammengesetzt ist. Einstein sagte schon 1905, daß Licht selbst ein Strom von Quanten sei. Dafür erhielt er 1922 den Nobelpreis. Er sagte: „Licht ist eine elektromagnetische Wellenerscheinung, bei der die Energie in bestimmten Bündeln (kleinste Lichtteilchen = Photonen) transportiert wird."

Licht verhält sich wie eine Welle (bei Ausbreitung) und gleichzeitig wie ein Teilchen, wenn es zum Beispiel von unserem Körper in Heilenergie umgewandelt wird. Photonen übertragen ihre Energie auf elektrisch geladene Teilchen, die Elektronen, die sich auch im Körper befinden.

Farbenaussagen können auch menschliche Befindlichkeiten ausdrücken:

„...sich nicht so fühlen", entspricht den Farben Grau, Braun und Ocker.

„Es geht mir nicht schlecht", entspricht den Farben Grau und Grün.

„Mir geht's blendend", entspricht den Farben Blau und Gelb.

„Mir geht's so gut, besser wäre zuviel", entspricht den Farben Grün und Orange.

„Ich will", entspricht der Farbe Rot.

„Ich gebe gern", wird mit Blau assoziiert.

„Ich bin geistig frisch", entspricht der Farbe Gelb.

Betrachten wir nachfolgend im einzelnen die Wirkung der Farben der fünf Elemente, Grün, Rot, Gelb, Weiß und Blau:

Rot, die Beauty-Farbe des Feuers

Rot ist die Farbe des Feuer-Elementes und wird mit dem Leben in Verbindung gebracht. Rot unterstützt den Prozeß der Ich-Findung, des Sich-Selbst-Findens. Sie ist Yang, männlich, stark und aktiv. Sie gibt Kraft zum Durchhalten, stärkt das Bewußtsein, ist fordernd und herrschend.

Rot ist die Farbe des Kriegers, der Liebe und der Leistungsbereitschaft. Sie vermittelt Achtung und Aggression. Wird Rot zu stark eingesetzt, kann es zu Zorn, Wut, Streit oder überbetonter körperlicher Liebe kommen, aber auch zu Euphorie und närrischem Benehmen.

In der chinesischen Tradition steht Rot für das Glück. Rote Briefumschläge werden als Glücksgeld-Briefumschläge sowie für Gesundheits- und Partnerglückwünsche verwendet. Traditionell kleidet sich die chinesische Braut in Rot. Nicht nur, daß ihr die Farbe Glück bringen soll. Rot steht auch für die Farbe des Blutes. (Die junge Braut errötet beim Anblick ihres Bräutigams). So spiegelt sich das Rot, das Glück, in ihrem Gesicht!

Rot-Assoziationen auf einen Blick:

Willen, Aktivität, Aggression, Zorn, jugendliche Kraft, Streit, Gegenwart, Krieger, Hektik, Liebe, Achtung und Glück, das Symbol der jungen Braut in östlichen Kulturen, Farbe des Individualismus, männlich, anregend und belebend.

Grün, die Beauty-Farbe des Holzes

Grün ist die Farbe des Holzes und steht für Wachstum und Harmonie. Grün wirkt auf uns Menschen ruhig, mittig, herzlich, beständig und kommunikativ. Besonders an grauen Tagen wirkt Grün in Verbindung mit Rot revitalisierend. Ermüdung, z.B. gerade bei Schreibtischarbeit, tritt entsprechend erst später auf. Für alle Tage, in denen Kommunikation im Vordergrund steht, ist es von besonderer Wichtigkeit, Lindgrün zu integrieren. Vielleicht greifen Sie zur lindgrünen Bluse oder zum entsprechenden Accessoire. Lindgrün ist in der Lage, die Schwingungen im Herzchakra anzuregen und damit die Energie des Herzens, des Gefühls und der Sprache zu lenken. Mit anderen Worten: mit Lindgrün wird die gefühlvolle Kommunikation unterstützt.

Je dunkler das Grün ist, um so antriebsloser, behäbiger kann es den Menschen machen. Mit der Zunahme von Schwarz im Grün kann sich der Mensch wie im Moor nach unten gezogen fühlen. In der chinesischen Tradition steht Grün für Wachstum und Gedeihen und Herzensgüte. Es ist die Farbe des Holzes und damit die Farbe der ätherischen, aufsteigenden Kräfte, der Kräfte des Frühlings und Ostens.

Grün-Assoziationen auf einen Blick:

Farbe des Kollektivs, Wachstum, Beständigkeit, Erfolg, Heilung und Gesundheit, beruhigend, mittig und kommunikativ.

Blau, die Beauty-Farbe des Wassers

Mit dunkelblauen Tönen können Sie besonders gut am Abend auftreten. Blauschwarz ist die Farbe des Wassers und wird bei den Chinesen mit Geldverdienen in Verbindung gebracht.

Blau symbolisiert Ruhe, Treue, Frieden und Stille. Blau verpflichtet zur Hingabe und Keuschheit. Je heller das Blau, desto mehr Fernweh vermittelt es. Hellblau befreit, erweitert und läßt im wahrsten Sinne des Wortes den Menschen durchatmen. Helles Blau erweitert Räume um ein Viertel! Je dunkler das Blau durch die Zugabe von Schwarz wird, desto passiver, statischer und drückender wird es. Für Tobsüchtige soll es in Psychiatrien die sogenannten „Blauzimmer“ geben, in denen sie sich austoben können. Denn Blau macht kooperativ und fügsam.

Die Farbe Blau wird vom Mond bestimmt und ist in ihrer Qualität Yin. Die weibliche intuitive Seite von Blau und die Verbindung zum Element Wasser bedingen, daß es sich hervorragend als Meditationsfarbe eignet.

Anmerkung:
In der chinesischen Tradition wird nicht Blau, sondern Schwarz verwendet. Schwarz bedeutet nicht nur Winter, Wasser und Weisheit, sondern auch Laster und Adel dritten Grades. Alte Quellen berichten auch, daß Blau nicht nur die Farbe des Mondes, der Weiblichkeit und der Nacht ist, sondern auch die Farbe des Prinzen ersten Grades.

Blau-Assoziationen auf einen Blick:

Himmel, Stille, Ruhe, Fernweh, Sehnsucht, Treue, Reinheit, Friede, Hingabe, Keuschheit, Schwere, Unbewegtheit, Gewicht, Meditationsfarbe, unergründlich, passiv, hingebungsvoll, aufnehmend, selbstlos, materiell, standhaft, kühl und entspannend.

Gelb, die Beauty-Farbe der Erde

Gelb ist für Frauen mit einem gelblichen Unterton in der Haut und braunen oder blonden Haaren sehr kleidsam. Mit Gelb bejahen Sie das Leben und regen das Lymphsystem und die Verdauung an. Gelb ist die Farbe der Zukunft, der Sehnsucht und der Extravertiertheit. Dunkles Gelb kann Intoleranz fördern, wohingegen helleres Gelb der Weisheit förderlich ist.

Die Farbe Gelb macht beweglich und heiter. Gelb vertreibt Müdigkeit und Arbeitsunlust, macht fröhlich und geistig rege. Gelb wirkt anregend für Nerven und Gemüt. Wenn jedoch Gelb mit Schwarz gemischt wird, so wirkt es intolerant. Tritt Gelb neben Schwarz auf (z.B. in einem Bild), so spricht es für einen depressiven Zustand des Malers. Die Farbe Gelb gehört seit alters her zur Erdmitte, im Körper ist sie dem Solarplexus zugeordnet. Gelb regt den Stoffwechsel ebenso wie den Appetit an.

Gelb und Gold waren früher nicht gleichbedeutend. Heute wird oft Gelb statt Gold eingesetzt. Zur Zeit der Pharaonen in Ägypten war es genau umgekehrt. Denn der Glanz des Goldes, seine Spiegelung galt als heilig. Die Farbe Gelb hingegen war nur noch ein Abglanz des so mächtigen Goldes. Der Sonnengott Re spiegelt sich im Gold, nicht aber im Gelb.

Die chinesische Tradition sieht im Gelb die Farbe der Erde. So ist diese Farbe auch dem Element Erde zugeordnet, der Erde, die der Kaiser regierte und beherrschte. Im chinesischen Verständnis ist Gelb die Farbe aller Herrschenden. Deshalb findet man sie auch in chinesischen Teppichen. Gelb stärkt die Ich-Bezogenheit, ist arbeitsanregend und die Farbe der Mitte und Harmonie. Überall, wo Denkaufgaben zu lösen sind, ist diese Farbe gut geeignet, wie beispielsweise in Klassenzimmern, Arbeitsräumen und Verwaltungsgebäuden. Zudem stimmt Gelb fröhlich und löst von Lethargie und Traurigkeit.

Gelb auf einen Blick:

Harmonie, Mitte, Toleranz, Güte, Frohsinn, Aktivität, Geist, Frohsinn, Heiterkeit, Mut.

Weiss, die Beauty-Farbe des Metalls

Die weiße Farbe steht vor allem Menschen mit dunklem Teint und schwarzen Haaren. Weiß kann Reinheit, Unschuld und Tugend bedeuten. Manchmal aber sollte man sich auch den Nebeneffekt von Weiß vor Augen führen und Farbe bekennen. Denn Weiß ist eigentlich keine Farbe. Schwarz und Weiß stellen zusammen die Pole dar, die für die Entstehung von Farben wichtig sind. Man könnte auch sagen, daß sich zwischen Hell und Dunkel die Farben bilden. Weder in der absoluten Dunkelheit, Schwarz, noch in der absoluten Helligkeit, Weiß, ist es möglich, Farben wahrzunehmen. Darüber hinaus ist Weiß bei den Chinesen die Farbe des Todes. Tote werden in weiße Leintücher eingeschlagen. Man verknüpft den spirituellen Aufstieg der Toten in das Lichtreich mit dieser Farbe. Wer beispielsweise sein Schlafzimmer ganz in Weiß gestaltet, von der Bettwäsche, der Wandfarbe bis hin zu Möbelpolstern, der hat ein Thema aus der Vergangenheit, vielleicht aber auch des Todes oder Abschieds zu bewältigen. Vielleicht möchte man mehr Licht in sein Leben bringen, eine Sache beleuchten? Weiß bringt Klarheit und Reinheit. Nicht jeder kann Weiß an der Wand vertragen, denn es gehört eine Art „reine Weste“ dazu, diese Farbe auszuhalten. Deshalb hängen zumindest Bilder häufig an einer weißen Wand. Da Weiß im eigentlichen Sinne keine Farbe ist, kommen die Farben von Bildern und die Aussage derselben klar zu Tage. Alte Quellen berichten von Weiß als der Farbe der Gerechtigkeit. Wie bei dem Propheten Sacharja wird bei der Mehrzahl der mongolischen und chinesischen Regionen Weiß mit der westlichen Richtung in Verbindung gebracht. Als die Hiungnö (bei uns als Hunnen bekannt) im Jahre 201 n.Chr. dem chinesischen Kaiser Kao im Kampf gegenüberstanden, hatten sie angeblich ihre Reiter so verteilt, daß auf der Westseite alle weißen und auf der Ostseite alle blauen (d.h. grauen) Pferde, auf der Nordseite alle schwarzen und im Süden alle roten (braunen) Pferde aufgereiht waren und so der Sieg gewiß war.

Weiß auf einen Blick

Auflösung des Körperlichen, Tod, Jungfrau, Neubeginn, Flucht, Licht, der Himmel, das Schöpferische, Weisheit, Erleuchtung, Erkenntnis, Unschuld, Reinheit, Sauberkeit, Wahrheit, das Unnahbare, das Unerreichbare, Freiheit, Bedingungslosigkeit.

Kleiden mit den Richtigen Farben

Sein Leben lang trägt der Mensch farbige Kleidung. Sie beeinflußt sein Gefühl, gibt Signale an die Außenwelt, bestimmt seine Interaktion mit und seine Wirkung auf andere. Ob man sich eher müde, friedvoll oder lustvoll fühlt, ist in erster Linie eine Frage der Farbe unserer Kleidung. Wenn das Chi nicht im Gleichgewicht ist, so wird man schnell ganz von selbst die Farbe seiner Kleidung ändern - das weiße Kostüm gegen das grüne tauschen oder den roten gegen den schwarzen Pullover.

Am kaiserlichen Hof im alten China trug jeder unterschiedliche Farben, ganz seinem Rang, der Natur und seiner Stellung bei Hofe entsprechend. Orangegelbe Töne waren für den Kaiser reserviert. Insbesondere zierten Drachenmotive seine goldschimmernden Gewänder. War er doch der Sohn des Himmels und der Repräsentant auf Erden - Chung-gwo. Nur die Richtungen seiner Gebete veränderten die Farbe der Kleidung. Betete er zur Sonne, so trug er Rot, zum Mond Weiß, mit Blau erflehte er Frieden für die Erde.

Die Kaiserin selbst hatte blaue, mit Drachenmotiven geschmückte Gewänder an. Rot war die Farbe der Fürsten, Purpurrot die der Aristokraten und Generäle, Schwarz die Farbe der Beamten und Blau die Farbe des Fußvolks.

In einer Zeit, wo man nicht mehr farblichen Zwängen unterliegt, sondern aus der Palette der Farben mit vollen Händen schöpfen kann, kann jeder nach seinem Beruf und seiner momentanen Stimmung sein persönliches Chi zum Ausdruck bringen, indem er sich seine Farben frei wählt. Wenn Sie darüber hinaus Lust haben sollten, Ihre Persönlichkeit mehr zu unterstreichen, dann wählen Sie Ihre Kleidung entsprechend Ihrer Vorhaben - aktives Rot, wenn Sie auffallen möchten und sich durchsetzen wollen, Blau, wenn Sie anderen gern Hilfe zuteil werden lassen, Gelb, wenn Sie sich geistig anzuregen gedenken usf.

5.

Säule der Schönheit:

Schlaf- und Badezimmer

Rund um Raum und Bett

Der wichtigste Bereich für das Energietanken ist das Schlafzimmer, in dem der Mensch ein Drittel seines Lebens verbringt. Deshalb ist hier der sensible Ort, an dem die Lebensenergie mit Feng Shui auf ein Optimum angehoben wird.

Das Schlafzimmer sollte sich günstigenfalls im hinteren oder oberen Bereich des Hauses befinden. Denn in diesen Bereichen herrschen Ruhe und Geborgenheit, Eigenschaften des Yin.

Die Raumluft

Wer nachts das Fenster geöffnet hat, sollte darauf achten, daß es nicht zieht und die kalte Luft den Schlafenden nicht ins Gesicht bläst. Ist die Außenluft kälter als die Raumluft, kann dies zu Windkrankheiten wie Kopfschmerzen und Halsentzündungen führen. Wer krank ist, ist nicht in seinem Gleichgewicht, was auch die Schönheit leiden läßt, denn gerade sie ist über den sensiblen Akt des Gleichgewichts der Kräfte erreichbar. Ahnen Sie nun, warum das Feng des Raumes von entscheidender Wichtigkeit ist?

Foto: Domicil

Natürlich wäre für die Regeneration der Duft der reinen, erquickenden Waldesluft das Beste. Wenn diese schon nicht hereinströmt, so ist ein gutes Durchlüften des Raumes zunächst Vorbedingung für den Schönheits-Schlaf.

Wußten Sie schon, daß frische Luft nicht nur ein Schönheitsgarant ist, sondern diese auch Infektionskrankheiten vorbeugt? Des Rätsels Lösung: Die Schleimhäute fühlen sich in dem Klima von Kühle und leichter Feuchtigkeit wohl und können so optimal ihre Arbeit verrichten.

Sie können auch einmal in der Woche die Luft mit Hilfe eines Luftwäschers waschen. Dieser besteht aus einer Wanne mit Wasser und einem Ventilator, der die Raumluft aufwirbelt und sie dem Wasser zuführt. So werden Sie den in der Luft befindlichen Staub im Wasser binden und erhalten Erleichterung bei Stauballergien und eine gute Luft für die Bronchien.

Damit Feng, die gute Luft, nicht direkt den Raum wieder verläßt, ist es wichtig, daß sich Fenster und Türen nicht gegenüber liegen, sonst verläßt Chi schneller den Raum. Stellen Sie ein Möbelstück quer in diese Linie oder hängen Sie einen schweren Vorhang, ein Klangspiel oder Bambusrollo auf. In das Fenster können Sie Kristalle hängen, Pflanzen stellen, durchscheinende Stoffkunst oder bunte, durchlässige Mandalabilder, Herzen u.ä. anbringen.

Die Matratzen und Decken

Lüften Sie gut durch und wechseln Sie, spätestens nach acht Jahren, Ihre Matratzen. Denn sie speichern nicht nur Krankheiten, sie können auch ungünstige Ereignisse bewahren. Davon abgesehen, befinden sich im Bett eine Reihe von quicklebendigen und abgestorbenen Staubmilben. Diese ernähren sich fleißig von Ihren Hautschüppchen und hinterlassen dafür ihre Fäkalien und ihren Nachwuchs. Einige Menschen reagieren auch allergisch auf die Fäkalien. Selbst wenn Sie das nicht tun, so sollten Sie für ein gutes Feng, den frischen Wind, auch im Matratzenbereich sorgen.

Nicht zu vergessen ist der Bereich der Zudecken und Kopfkissen. Überprüfen Sie diese alle drei Jahre. Ist das Bett schwer und klumpig, so sollte es dringend ganz und gar weg oder zumindest in die Reinigung. Manchmal ist schon eine Bettfederreinigung ein Segen.

Mein spezieller Tip, das Schönheitskissen:

Das Schönheitskopfkissen besteht aus Dinkelspreu, Hirse oder Reisspelzen, die Sie je nach Vorlieben mit Düften anreichern können. Nähen Sie sich einen 83 cm langen und zirka 5 cm dicken Schlauch aus einem Naturmaterial. Diesen können Sie mit einem der oben beschriebenen Materialien füllen. Legen Sie sich nun auf den Rücken und betten Ihr Haupt in diesen Ring. Auch in Seitenlage wird er nicht nur den Falten vorbeugen, sondern auch den Energiefluß in den Kopfmeridianen verbessern. Wenn Sie vielleicht nicht die ganze Nacht auf Ihr geliebtes Kopfkissen verzichten möchten, so probieren Sie es doch einmal zeitweise aus.

Bedenken Sie: Schönheit wird über Stunden im Bett getankt.

Feuchtigkeit

Übermäßige Feuchtigkeit oder feuchte Wände an und für sich können ein gesundheitliches Risiko darstellen, da sich in einer solchen Luft besonders gern Pilze vermehren. Werden sie nachts eingeatmet, so sinkt die Energie des Körperhaushaltes mitunter drastisch ab.

Behinderungen

Sorgen Sie in Ihrem Schlafzimmerbereich zunächst dafür, daß nichts hinter der Tür steht, denn das behindert das Chi beim Eintreten. Beispielsweise könnte ein Staubsauger hinter der Schlafzimmertür eine Quelle von Sha, unguter Energie sein. Verständlich, wenn man daran denkt, daß nicht nur die Tür in den Raum behindert würde, daß darüber hinaus auch Pilze und Mikroben im Staubbeutel des Staubsaugers Ihre Heimat finden.

Daraus ist allgemein zu folgern: Befreien Sie sich von überflüssigen Gegenständen, und reduzieren Sie sich. So schaffen Sie die Möglichkeit, daß Feng gut zirkulieren kann und Sie eine Raum-Oase der Schönheit, in der Regeneration groß geschrieben wird, Ihr eigen nennen können.

Bettaufstellung

Beachten Sie für einen gesunden Schönheitsschlaf, daß Sie Ihr Bett nicht zu nahe an der Tür aufstellen, weder mit den Füßen zur Tür, noch daß Sie mit dem Kopf unmittelbar zum Fenster liegen. Beides könnte Ihren Schlaf stören und Sie so empfindlich gegenüber Alltagsstreß reagieren lassen. Es würde im übertragenen Sinne eine Art „Zugluft" entstehen, die Ihrem Bedürfnis nach einem tiefen, erholsamen Schlaf nicht gerecht werden würde. Schlafen Sie auch nicht mit dem Bett zwischen Tür und Fenster, wie das geschehen könnte, wenn Sie Ihr Bett inmitten des Raumes stehen hätten. Um die energetischen Auswirkungen dieser „zugigen Linie" nachzuweisen, gibt es eine interessante Methode aus Amerika: den Muskeltest (Touch for Health), mit dem man nachweisen kann, daß diese Schlaflinie weniger günstig ist. Heben Sie beide Arme vor dem Körper in Bauchnabelhöhe an und lassen eine zweite Person gleichmäßig auf Ihre Arme drücken. Befinden Sie sich in einer „Durchzugslinie", werden Sie in der Regel weniger Kraft haben und Ihre Arme werden sich schon bei geringem Druck leichter niederdrücken lassen. Eine Schwäche, wie sie sich hier im Test zeigt, wirkt sich im Energiesystem nachteilig auf die Schönheit aus. Vermeiden Sie „Durchzugslinien".

Balken

Trennend wirken können auch Balken, wenn Sie von der Decke längs zwischen zwei Partnern laufen. Sie stören unter Umständen das Beziehungsglück. Laufen sie quer über das Bett, rufen sie Erkrankungen der darunter liegenden Organe hervor.

Wenn Sie eine solche Situation haben, wählen Sie eine andere Schlafstelle oder hängen Sie sich die Balken mit einem Tuch oder Betthimmel ab. Vielleicht wählen Sie auch die Entfernung nicht tragender Balken, oder Sie schließen sie mit einem Brett.

Spiegel

Sämtliche Spiegel im Schlafzimmer sollten im Sinne eines guten Feng Shui mit Stoffen zugehängt werden. Am besten aber verzichten Sie gleich ganz auf sie. Einige Klienten spüren ganz deutlich, daß sich beispielsweise die Raumtemperatur unter Einwirkung von Spiegeln ändert. So wird es erstaunlich wärmer, wenn die Spiegel zugehangen werden, oder entsprechend fühlbar kälter, wenn sie offen gelassen werden.

Elektrosmog

Vermeiden Sie Elektrosmog in Form von Neonlicht, Computern, Fernsehern oder Radioweckern. Entfernen Sie die vorher genannten Gegenstände und auch Plastik- und Metallgegenstände möglichst ganz aus Ihrem Schlafumfeld.

Ich empfehle Ihnen, Netzfreischalter einbauen zu lassen, so wird der Elektrosmog im Schlafzimmer reduziert und Ihrem Beauty-Schlaf steht nichts im Wege.

Natürlichkeit

Bevorzugen Sie Naturfasern im Schlafzimmer, und betten Sie sich in Baumwoll- oder Seidenbettwäsche, in den Farben Apricot, Rosé, oder Orange-Rot. Seide kommt der Haut am meisten entgegen, weshalb auch Seidennachtwäsche ausgezeichnet ist. Sollten auch die Wände in dieser hautverjüngenden Farbe gestrichen werden, so setzen Sie bitte komplementär dazu blaue Farben ein. Das könnte in Form eines runden Sessels, Vorhängen oder eines Schminktischchens sein.

Harmonische Formen

Eckiges und Spitzes ist nach der Formenschule des Feng Shui dem Sha, dem unguten Energiestrom, zugeordnet. Jeder, der sich schon einmal an scharfen Ecken und spitzen Kanten gestoßen hat, weiß ein Lied davon zu singen. Deshalb wählen Sie runde, harmonische Formen, nicht zuletzt deshalb, weil der Schlaf zur Tätigkeit des Yin gehört und im rundlich-weiblichen Element seine Entsprechung hat. Achten Sie schon beim Einkauf von Möbeln darauf, denn zu viel Yang, Kantiges und senkrecht Stehendes im Schlafzimmer schafft eine „harte" Atmosphäre. Verhärtungen zeigen sich nicht nur in Form von Streit und Unzufriedenheit, sondern auch gesundheitlich und natürlich auch in Ihrem Hautbild. Ihr Gesicht spiegelt wider, was Sie die ganze Nacht aufgenommen haben! Es ist also ratsam, die weiche, fließende Yin-Energie mit ihren runden Formen in das Schlafzimmer zu integrieren.

Schlaf-Literatur

Sorgen Sie dafür, daß die Atmosphäre im Schlafzimmer nicht durch Bücher bestimmt wird. Wenn Bücher, dann überlegen Sie, welche Literatur zu den Themen des Schlafes und der Liebe passen. Schließlich ist das Schlafzimmer kein Lesezimmer und auch keine Bibliothek. Bücher können auch in dem einen oder anderen Fall im Keller gelagert werden. Sollten Sie keinen anderen Platz für Ihre Bücher finden, so ist Ihnen vom Standpunkt des Feng Shui aus gesehen anzuraten die Bücher in geschlossenen Schränken unterzubringen. Sichtbare Bücher machen unruhig bis nervös. Es geht von ihnen eine Art Informationsgewirr aus. So, als ob man verschiedene Rundfunksender auf einmal hört. Fazit: Der Schlaf ist unruhig und das sieht man Ihnen an.

Foto: Team 7

Pflanzen

Verzichten Sie auf große Pflanzen in Ihrem Schlafzimmer. Die meisten Pflanzen verbrauchen nachts Sauerstoff! Für den Schläfer ist das alles andere als förderlich. Eine kleinere Pflanze, eventuell mit roten Blüten für die Liebe, kann für das Beziehungsglück förderlich sein. Allerdings auch hier gilt die Regel: Die Pflanze hat ihren richtigen Platz mindestens zwei Meter vom Schläfer entfernt. Anders verhält es sich bei kleinen Blüten, die Sie Ihrem Liebsten und er Ihnen auf Ihrem Nachtschränkchen zukommen läßt. Solche Aufmerksamkeiten einer wachsamen Liebe brauchen jeden Tag frisches Wasser, insbesondere vor dem Zubettgehen.

Bilder

Bilder von Landschaften mit Bergen, Flüssen, Wiesen und Wäldern wirken ausgleichend auf den Schläfer. Bilder in den sanften Farben von Blau, Grün, Rot, Gelb und Weiß, den Farben der fünf Elemente, ergeben ein gutes Beauty Feng Shui für den Schläfer. Sanftheit, Anmut und Schönheit der Gegenstände und Bilder begleiten den Schlafenden. Wichtig: Die Harmonie von Bildern und Farben wirkt sich auch dann noch aus, wenn die Augen längst geschlossen sind.

Bilder, die unvollkommene Körper zeigen oder gar Grausamkeiten, sollten Bildern mit friedlichem und lieblichem Inhalt weichen.

Das Verjüngungs-Feng Shui

Ein absolutes verjüngendes Feng Shui gönnen Sie sich folgendermaßen:

Legen Sie ein Album von sich selbst an. Nehmen Sie dazu Ihre schönsten Fotos von der Geburt bis zum heutigen Tag. Kleben Sie ein Bild von der Jetztzeit auf die erste Seite, dann auf die zweite ein Bild vom letzten Jahr und gehen Sie so Seite für Seite und das eine um das andere Jahr zurück. Am Schluß des Buches angekommen, sehen Sie sich als frisch geborenes Baby. Schauen Sie sich allabendlich oder so oft Sie wollen das Album an und behalten den Baby-Gedanken bei. Spüren Sie sich in dieses kraftvolle, energiegeladene Wesen hinein, zu einem Zeitpunkt, als alle Organsysteme, alle Energien und alle Möglichkeiten für das Leben enorm groß waren. Nähern Sie sich somit dem energetischen Urpotential Ihres Lebens, und sammeln Sie die Kraft dieses Potentials für die Regeneration Ihrer selbst.

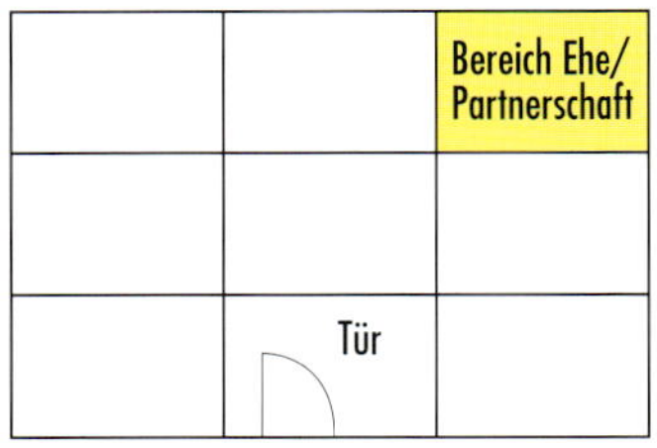

Die „Froschkönig-Ecke“ im Schlafzimmer

Jedes Schlafzimmer sollte eine Art Erinnerungsecke an eine gute Partnerschaft haben, eine Art Liebesaltar. Denn Liebe und Schönheit stehen schon allein wegen ihrer hormonellen gemeinsamen Linie dicht beieinander. Legen Sie ein paar Rosenblüten in eine Schale, einen 60 mm Kristall dazu, ein Partnerschaftsbild und geben den Duft von Rosenöl in eine Aromalampe. Lassen Sie Liebe und Schönheit erblühen. Im Feng Shui steht die Blüte der Rose für Yin und der stachelige Stiel für Yang. Sie sollten lediglich die Blüten für Ihr Schlafzimmer pflücken, um nicht den Stachel des Streites einzuladen.

Alles was paarweise ist, kann die Partnerschaftsecke beleben, ob zwei Kieselsteine, eine Lampe mit zwei Schirmchen, eine Figur, die ein sich umarmendes Paar darstellt oder ob Sie sich Liebesbriefe dort zukommen lassen._Die_rechte, hintere Ecke, von der Eingangstür zum Schlafzimmer aus gesehen, ist die Ecke der irdischen Belange von Ehe und Partnerschaft. Dort oder im Bereich der himmlischen Unterstützung, im Südwesten des Raumes, sollte die Altarecke sein. Sie braucht eine Wand im Rücken, ein ruhiges Plätzchen.

Das Licht

Sanfte Beleuchtung ist im Schlafzimmer ein unbedingtes Muß. Denn der Teint wie die Liebe brauchen zarte Streicheleinheiten durch das Licht. Wollen Sie die Zartheit Ihres Wesens, die Gefühle des Herzens und Ihre Haut in bestem Licht erscheinen lassen, so empfiehlt es sich, eine Salzkristallampe aufzustellen. Ihr sanfter Lichtschimmer wird Sie begeistern und Ihren Teint angenehm in Erscheinung treten lassen.

Foto: Domicil

Gemeinsamkeiten

Wußten Sie schon, daß Sie sich nachts auf der unterbewußten Ebene austauschen? Was tagsüber nicht angesprochen werden konnte, das wird nun wahrgenommen. Achten Sie deshalb darauf, daß Sie mit Ihrem Partner ein gemeinsames Schlafzimmer bewohnen. So ist es verständlich, daß getrennte Schlafzimmer vom Standpunkt des Feng Shui aus gesehen für das Eheglück nicht förderlich sind. Daß oftmals ein Partner nachts schnarcht scheint zwar ein Argument, aber schauen Sie einmal genauer hinter die Dinge und bringen Sie den wahren Grund in Erfahrung, weshalb Sie getrennte Schlafzimmer bevorzugen. Suchen Sie nach Gemeinsamkeiten, nach Verbindlichkeiten und dem, was Sie beide glücklich macht. Denn wer glücklich ist, strahlt, und wer strahlt, der ist schön.

Die Bettmaße

Zunächst sollten Sie mit dem Feng Shui-Maßband (bekommen Sie im Feng Shui-Versandhandel) das Bett vermessen, Tiefe und Breite, innen und außen messen. Gute Feng Shui-Maße ziehen Kraft und Stärke an und lassen ungünstige Maße wie Krankheit und Mißgeschick außen vor. Warum also nicht gleich mit Feng Shui-Maßen bauen? Entnehmen Sie bitte der nachfolgenden Tabelle Ihre gemessenen Maße und vergleichen Sie. Die Maße werden immer wie ein Satz gelesen. Sollten Sie das Maß der Kraft bekommen haben und andererseits das Maß des Verlustes, so bedeutet dies: kraftvoller Verlust oder Verlust von Kraft!

Maßtabelle fürs Bett

Maße in cm	Einzelbett	Doppelbett
Innenmaß Bettkasten in der Länge	198 210 – 219	dito dito
Gesamtlänge des Betts	210 – 219 232 – 236	dito dito
Innenmaß Bettkasten in der Breite	82 – 90 103 – 112	167 – 176 189 – 198
Höhe des Betts mit Matratze	38 – 48 60 – 69	dito dito

Die Matratze

Die Matratze sollte bei Paaren keine Trennung bewirken, also entweder eine durchgehende Matratze oder zwei, die keine erkennbare Trennung aufweisen.

Bei Eheproblemen:

Ein typisches Feng Shui-Heilmittel bei Eheproblemen ist ein rotes Band. Binden Sie ein rotes Band in Feng Shui-Maßen um das Bett, und legen Sie unter Ihr Spannbettuch ein ebenfalls rotes, über beide Betten gehendes Bettlaken.

Foto: Team 7

Die Schlafposition

Zunächst ein paar Worte zur Schlafposition. Drehen Sie sich auf die linke Seite, so werden Sie Ihr Herz drücken, liegen Sie auf dem Bauch, so schränken Sie Ihre Atmung ein und drücken den Magen. Die Rückenlage ist wegen der möglichen Überdehnung der Bauchdecke auch nicht immer empfehlenswert. Gelegentlich führt diese Position auch zum Schnarchen. Dies stört nicht nur den Partner, dies kann auch zum Atemstillstand führen. Liegen Sie mit leicht angewinkelten Beinen auf der rechten Seite, so ist dies am günstigsten. Ihre Wirbelsäule ist entlastet und die Muskeln sind entspannt.

Achten Sie dennoch auf Ihre individuell guten Beauty-Richtungen. Die besten Richtungen sind die der Langlebigkeit, der Heilung, der Vitalität und der Harmonie. In der nachfolgenden Tabelle können Sie nachlesen, welche Richtungen für Sie selbst am besten sind, damit Sie einen erholsamen Schlaf haben.

Die Richtungen und Bedeutungen der Ming-Kwa-Zahlen

Ming-Kwa-Zahlen	Richtungen			
	Friedvolle und gute Bewältigung von Angelegenheiten	Vitalität, Glück und Ruhm, große Errungenschaften	Himmlischer Arzt, guter Erfolg, Wohlstand, Freunde und hilfreiche Menschen	Langlebigkeit, gutes Einkommen, Familienharmonie, Arbeitsharmonie
1	N	SO	O	S
2	SW	NO	W	NW
3	O	S	N	SO
4	SO	N	S	O
6	NW	W	NO	SW
7	W	NW	SW	NO
8	NO	SW	NW	W
9	S	O	SO	N

Die Bedeutung der anderen Richtungen wurde nicht erwähnt, da diese weniger günstig sind.

Kraft sammeln durch die richtige Lage des Schlafzimmers

Nehmen Sie sich zunächst einen Kompaß oder den Lageplan zur Hand, um exakt feststellen zu können, in welchem Teil des Hauses sich Ihre Wohnung befindet. Vergleichen Sie bitte anhand der nachfolgenden Tabelle Ihre besten Richtungen mit der tatsächlichen Lage Ihres Schlafzimmers. Schlafen Sie bereits in der für Sie besten Himmelsrichtung des Hauses, dann beachten Sie Ihre beste Beauty-Richtung für das Kopfende Ihres Bettes, um Kraft und Schönheit zu tanken.

Beachten Sie:

Trotz bester Richtung für Ihren Schlaf geben Sie bitte den Vorrang den folgenden Gedankengängen:

Beachten Sie, daß Sie nicht auf Störzonen der Erde oder kosmischen Gitterzonen und deren Kreuzungspunkten schlafen. Auch nicht an der Wand zum Bad und deren Abwasserleitungen oder auf der Wandrückseite eines Elektroherdes. Schlafen Sie auch nicht über einem Heizungskeller und dem darin befindlichen Öltank oder Brenner.

Die beste Maßnahme wird sein, solche Plätze zu verlassen und einen anderen Schlafplatz zu finden. Alles andere sollten Sie in einer Feng Shui-Beratung klären.

Die Schönheits-Ausrichtung

Ein nach Osten gelegenes Schlafzimmer ist besonders günstig, da man mit der Morgensonne im Raum geweckt wird. Der Osten steht für Erneuerung, Regeneration, Neubeginn und den Frühling. Das wunderbare Gefühl des Frühlings, die Frühlingsgefühle, brauche ich Ihnen nicht zu schildern. Der Osten ist auch die Himmelsrichtung der Familie und Eltern im Feng Shui. Achten Sie darauf, daß Sie sich nicht von den Sonnenstrahlen im Gesicht wecken lassen. Das Gesicht wird vorzugsweise sanft geweckt und nicht angestrahlt.

Müßten Sie blinzeln, so sind ohnehin den Falten Tor und Tür geöffnet.

Ming Kwa Zahlen für Männer und Frauen

Jahr	Ming Kwa Männer	Element	Ming Kwa Frauen	Jahr	Ming Kwa Männer	Element	Ming Kwa Frauen	Jahr	Ming Kwa Männer	Element	Ming Kwa Frauen
1900	1	M	8	1935	2	H	4	1970	3	M	3
1901	9	M	6	**1936**	1	F	8	1971	2	M	4
1902	8	W	7	1937	9	F	6	**1972**	1	W	8
1903	7	W	8	1938	8	E	7	1973	9	W	6
1904	6	H	9	1939	7	E	8	1974	8	H	7
1905	2	H	1	**1940**	6	M	9	1975	7	H	8
1906	4	F	2	1941	2	M	1	**1976**	6	F	9
1907	3	F	3	1942	4	W	2	1977	2	F	1
1908	2	E	4	1943	3	W	3	1978	4	E	2
1909	1	E	8	**1944**	2	H	4	1979	3	E	3
1910	9	M	6	1945	1	H	8	**1980**	2	M	4
1911	8	M	7	1946	9	F	6	1981	1	M	8
1912	7	W	8	1947	8	F	7	1982	9	W	6
1913	6	W	9	**1948**	7	E	8	1983	8	W	7
1914	2	H	1	1949	6	E	9	**1984**	7	H	8
1915	4	H	2	1950	2	M	1	1985	6	H	9
1916	3	F	3	1951	4	M	2	1986	2	F	1
1917	2	F	4	**1952**	3	W	3	1987	4	F	2
1918	1	E	8	1953	2	W	4	**1988**	3	E	3
1919	9	E	6	1954	1	H	8	1989	2	E	4
1920	8	M	7	1955	9	H	6	1990	1	M	8
1921	7	M	8	**1956**	8	F	7	1991	9	M	6
1922	6	W	9	1957	7	F	8	**1992**	8	W	7
1923	2	W	1	1958	6	E	9	1993	7	W	8
1924	4	H	2	1959	2	E	1	1994	6	H	9
1925	3	H	3	**1960**	4	M	2	1995	2	H	1
1926	2	F	4	1961	3	M	3	**1996**	4	F	2
1927	1	F	8	1962	2	W	4	1997	3	F	3
1928	9	E	6	1963	1	W	8	1998	2	E	4
1929	8	E	7	**1964**	9	H	6	1999	1	E	8
1930	7	M	8	1965	8	H	7	**2000**	9	M	6
1931	6	M	9	1966	7	F	8	2001	8	M	7
1932	2	W	1	1967	6	F	9	2002	7	W	8
1933	4	W	2	**1968**	2	E	1	2003	6	W	9
1934	3	H	3	1969	4	E	2	**2004**	2	H	1

Fettgeschriebene Jahre beginnen am 5. Februar, alle anderen am 4. Februar

Legende: **H** = Holz, **E** = Erde, **F** = Feuer, **W** = Wasser, **M** = Metall

Düfte für die Liebe und den erholsamen Schlaf

Foto: Primavera Life

Räucherungen werden seit einigen tausend Jahren vorgenommen und haben sich bis heute auch für den Bereich des Schlafzimmers bewährt. Räuchern Sie, indem Sie in eine Ton- oder Messingschale Sand geben, ein Stück Räucherkohle anzünden, diese durchglühen lassen und darauf eine Prise Räucherung geben. Sie können jederzeit eine Prise der Räucherung nachlegen, solange die Kohle glüht. Einmal in der Woche oder nach Gefühl, so oft wie Sie mögen, kann die Atmosphäre derart gereinigt und neu belebt werden. Wenn Sie Räucherungen verwenden, dann ist es empfehlenswert, diese mindestens eine Stunde vor Zubettgehen zu räuchern. Es eignen sich Reinigungs- und Liebesräucherungen. Um Liebesglück anzuziehen oder zu erneuern, räuchern Sie mit Liebesräucherungen, süßlich duftenden Harzen. Um die Luft von weniger guten Auseinandersetzungen zu reinigen, räuchern Sie beispielsweise mit Salbei, Weihrauch oder Myrrhenharz. Wenn Sie kranke Einflüsse aus dem Schlafzimmer hinaus schicken möchten, wie nach einer längeren Grippe, können Sie ebenfalls Reinigungsräucherungen verwenden.

Blütendekorationen

Abgesehen von den wundervollen Räucherungen und ihren zahlreichen Eigenschaften lassen sich auch sehr gut ein paar Blüten dekorieren, die einladend wirken, zart und duftig sind. Eine oder mehrere, frisch gepflückte Blüten auf dem Bett verteilt sind eine wohlig duftende und zugleich sinnliche Einladung. Ein Gedicht an die Herzen und zugleich Liebkosung Ihrer Haut.

Ätherische Düfte

Die aphrodisierenden Gerüche von Vanille und Ylang-Ylang, sowie die das Herz wärmende Duftnote der Rose können in einem schönen Duftlämpchen für eine die Schönheit fördernde Atmosphäre ihren Duft verbreiten.

Der wohltuende Duft der Rose, mit nur fünf Tröpfchen im Duftlämpchen, öffnet das Herz und stimmt das Gemüt sanftmütig. Die Rose ist die „Königin der Düfte". Die Rose streichelt förmlich die Wangen und fördert die zarten Gefühle der Liebe. Söhnen Sie sich mit Ihrer eigenen weiblichen Seite aus und wärmen Sie Ihre Seele mit dem Duft der Rose.

Oder Sie haben Lust auf aphrodisierende Gerüche für das Kamasutra Ihrer Liebe, dann wählen Sie Ylang-Ylang, Vanille oder Patchouli. Fertige Mischungen erhalten Sie als Yin- oder Yangpäckchen.

Foto: Primavera Life

Halbedelsteine im Schlafzimmer

Sie können sich beispielsweise vier rundgeschliffene Rosenquarze in die Ecken des Raumes stellen, um Liebe und Stabilität zu symbolisieren, oder Sie stellen vier rundgeschliffene Bergkristalle zu den Füßen des Bettes. Überprüfen Sie mit der Einhand-Rute die Ergebnisse, oder testen sie mit dem Arm-Muskel-Test ab.

Reinigen Sie Ihre Steine immer wöchentlich: entweder unter fließendem, kalten Wasser, oder legen Sie sie auch ab und an über Nacht in Salz ein. Das Salz sollten Sie danach nicht mehr verwenden. Reinigen können Sie sie auch mental, indem Sie sich einen Wasserfall vorstellen, der über die Steine fließt und sie reinigt. Anschließend halten Sie die Steine gedanklich oder in der Realität ins Sonnenlicht, damit diese wieder „auftanken“ können.

Für einen guten, tiefen Schlaf können Sie Schmeichelsteine unter das Kopfkissen legen oder auf den Nachttisch. Das können sein:

- Amethyst
- Hyazinth
- Jade
- Rutilquarz
- Saphir
- Topas
- Zitrin.

Schenken Sie auch den Ergebnissen des Rutengängers Ihres Vertrauens Aufmerksamkeit. Er wird die entsprechenden Störzonen genauso aufsuchen, wie die Kraftpunkte des Raumes, so daß Sie wissen, wo Sie Ihr Bett besser nicht hinstellen sollten, oder wo es exzellent steht. Ein gutes Feng Shui ist immer die Summe aller Komponenten. Da die Ortung der Störzonen in der Bettpositionierung Vorrang hat, wird man sich im Zweifelsfalle immer nach dieser richten. In der Regel kollidiert dies aber nicht mit den Beauty-Richtungen für Ihren Schönheits-Schlaf.

10 goldene Regeln des Beauty-Feng Shui für Räume im allgemeinen

1. **Räumen Sie auf!**

Sehen Sie den Raum als Erweiterung Ihrer Haut ,und schauen Sie ihn sich nach diesen Gesichtspunkten erneut an. Alles, was dort blockiert, verstopft im übertragenen Sinne die Poren Ihrer Haut. Schlaf- und Badezimmer sollten luftig und duftig sein.

2. **Entfernen Sie alles, was spitz ist, aus Ihrem unmittelbaren Umfeld und runden Sie hervorstehende Ecken und Kanten ab!**

Zu diesem Zweck können Sie Hängepflanzen benutzen, Kristalle und Windspiele aufhängen oder Bänder vor den Kanten herunterhängen lassen. Denken Sie daran, daß alles, was eckig und spitz ist, das Chi in Ihrer Wohnung und damit in Ihrem Organismus behindert und Blockaden sich so nachteilig auf Ihr Hautbild auswirken können.

3. **Sorgen Sie für frische Luft!**

Türen bringen Yang-Energie in die Räume und Fenster Yin-Energie. Beides benötigen Sie, um in Ihrem Gleichgewicht zu bleiben.

4. Licht spendet Lebensfreude!

Tageslicht ist künstlichem Licht vorzuziehen. Die Kaiserpaläste in China wurden so errichtet, daß die Tätigkeiten des Kaisers mit dem Lauf der Sonne in Übereinstimmung gebracht wurden. Im Osten stand er auf und mit dem Sonnenuntergang beendete er im Westen seine Tätigkeit. Feng Shui-Meister und -Ärzte waren dafür verantwortlich, ihn bei bester Gesundheit zu erhalten. Heute haben wir die Möglichkeit, mit künstlichem Licht nachzuhelfen und können Dunkelheit damit nach Belieben in Helligkeit wandeln. Licht ist Yang und wichtig für geistige Tätigkeiten. Je gedämpfter das Licht wird, um so mehr Yin-Charakter erhält es. Wählen Sie je nach Tätigkeit die richtige Licht-Qualität.

Foto: Domicil

5. Vermeiden Sie die sogenannten „geheimen Pfeile“!

Setzen Sie sich nicht zu nah an spitzblättrige Pflanzen. Halten Sie einen Mindestabstand von einem bis anderthalb Metern, denn spitze Blätter wirken als sogenannte geheime Pfeile störend auf Ihre Körperenergien. Halten Sie möglichst Pflanzen, vor allem große, aus Ihrem Schlafzimmer fern, insbesondere die Yuccapalme. Pflanzen sind ein Barometer für den Gefühlszustand wie auch für das körperliche Befinden. Sollten Ihre Pflanzen die Blätter hängen lassen, Ungezieferbefall bekommen oder nicht wachsen wollen, so kann es daran liegen, daß der Platz auf dem sie stehen, von Erdströmungen gestört ist und Sie selbst deshalb dort nicht sitzen oder schlafen sollten. Pflanzen leiden förmlich mit Menschen mit. Experten haben sich besonders Experimenten mit Pflanzen gewidmet und sind zu dem Schluß gekommen, daß Pflanzen ein geheimes Leben besitzen und auf einer Basis einer 10 Hertz-Frequenz mit den Menschen kommunizieren.

Trinken Sie selbst nicht genügend, dann verdursten meist auch Ihre Pflanzen. Sie lassen sich unter Umständen hängen, wenn Sie selbst zu träge werden. Wenn Sie sich durch Ihre Ernährung übersäuert haben, leiden die Pflanzen mit Ihnen und gehen förmlich ein, wenn Sie selbst längere Zeit traurig sind.

6. Sorgen Sie für einen guten Yin-Yang-Ausgleich!

Balancieren Sie Yin gut aus, die weibliche Energie, die sich beispielsweise in Rundungen, sanften Pastellfarben, beruhigenden Klängen und angenehmen Düften zeigt. Setzen Sie dazu den Gegenpol Yang, die männliche Kraft, die stärkere Kontraste liebt, aufstrebende Formen und klare Linien. So balancieren Sie Ihr Umfeld und damit sich selbst aus.

Foto: Domicil

7. Achten Sie auf die Aussage und den Sinngehalt von Bildern und Skulpturen!

Gönnen Sie sich ausschließlich Bilder, die einen aufbauenden Charakter haben, beispielsweise ein Landschaftsbild mit einem See und Bergen oder einem Wasserfall. Ein Künstler ist im allgemeinen mit seinen Bildern weit über ihre Herstellung hinaus verbunden. Seine ganze Gefühlswelt zum Zeitpunkt der Entstehung ist neben dem, was Sie sehen, enthalten.

8. Temperatur und Luftfeuchtigkeit eines Raumes entscheiden über Ihre Schönheit und Ihr Wohlbefinden!

Die Temperatur eines Raumes und dessen Luftfeuchtigkeit wirken sich nachhaltig auf Ihre Schönheit aus. Zimmerspringbrunnen helfen, einen zu trockenen Raum, gerade im Winter und in Häusern mit offenen Kaminen auszubalancieren. Wählen Sie lieber die Raumtemperatur niedriger als höher, denn das bekommt dem Hautbild besser und Sie sind weniger anfällig für Infektionskrankheiten. Ihre Haut bleibt schöner!

9. Gute Düfte wirken ausgleichend auf das seelische Gleichgewicht!

Benutzen Sie ätherische Düfte, um ein Klima des Wohlbefindens zu schaffen.

Der Duft von Mandarinen wirkt aufheiternd, weckt die Kreativität und Spontaneität. Basilikumduft befreit das Herz von Kummer und Sorgen, mobilisiert die Lebensfreude und Energie. Anis entfacht das innere Feuer und sorgt für Wärme und Behaglichkeit. Kamille und Zimtrinde lösen Verspannungen und trösten zu jeder Zeit. Salbeiduft stärkt die Selbstheilungskräfte, und Lavendel verströmt Klarheit und Schönheit. Bergamotte sorgt für Gelassenheit, und Zitrone, Eukalyptus und Thymian regen den müden Geist und die Klarheit an. Sandel- und Rosenholz wirken beispielsweise aphrodisisch.

So sorgen Sie mit den Möglichkeiten des Beauty Feng Shui für Ausgeglichenheit und Schönheit.

10. **Räucherungen wirken auf die Psyche wohltuend und reinigen Räume!**

Sollten sich unliebsame Gäste bei Ihnen aufgehalten haben oder anderweitig die Luft zu reinigen sein, so wird im Feng Shui die Räucherung empfohlen. Dazu benötigen Sie eine feuerfeste Schale, geben etwas Sand hinein und setzen darauf Räucherkohle. Zünden Sie diese an und geben Sie eine Prise Ihres Räuchermittels darauf. Zum Reinigen der Atmosphäre gibt es bereits fertig gemischte Räucherungen. Oder Sie benutzen Salbei und je nach Wunsch auch Weihrauch. Schwenken Sie die Schale einige Male durch sämtliche zu reinigenden Räume und lassen Sie sie am besten über Nacht stehen. Am nächsten Tag lüften Sie gut durch und stellen Sie frische Blumensträuße in die Räume.

Räucherungen kann man im Feng Shui sehr vielfältig verwenden. In allen großen Kulturen waren Räucherungen beliebt, um Glück, Reichtum, Liebe, Gesundheit und ewige Schönheit anzuziehen. Für alle diese Zwecke gibt es bereits fertige Räucherungen.

Weihrauch, Benzoe, Siam, Myrrhe und Copal dienen der Reinigung von Räumen, der Inspiration und stärken die Selbstheilungskräfte.

Feng Shui im Badezimmer

Ihr Bad sollte Sie allmorgendlich hell, freundlich und frisch begrüßen. Ob mit schönen Farben, einer wundervollen Beleuchtung, oder angenehmer Wärme - das Bad sollte eine Komposition aller Wohlfühlfaktoren sein, denn es ist der erste Raum, den Sie am Morgen nach dem Schlafzimmer betreten. Voller Elan und Lebensfreude in den Tag zu gehen bzw. diesen so zu beginnen, ist das Ziel. Dazu helfen die richtige Anordnung von Spiegeln, Kristallkugeln, Licht und Farben. Lassen Sie uns die einzelnen Wohlfühlfaktoren näher anschauen:

Kristallkugeln und Accessoires

Hängen Sie 30 Millimeter Kristallkugeln in das Fenster, vergrößern Sie kleine Bäder durch mehr Spiegel, und geben Sie Ihrem Bad keine Chance zur Unordnung. Schränke mit Türen machen es leicht, Ordnung zu halten und lassen Auge und Geist eher auf schönen Gegenständen wie Flakons oder, je nach Wunsch, einem „Happy-Buddha" ruhen. Stellen Sie am besten schöne Flakons oder Cremedosen vor die Spiegel. Denn alles, was Sie vor diese stellen, wird sich verdoppeln und so auch den Wert der Schönheitsmittel. Schöne Flakons stehen für Schönheit, ausgedrückte Zahnpastatuben für Verwelken. Entscheiden Sie sich, was Ihnen lieber ist!

Denken Sie daran, daß so, wie Sie den Tag beginnen, Sie auch Ihre Ausstrahlung und Schönheit beeinflussen.

Das Spiel mit den Kugeln

Benutzen Sie zum Zentrieren und sanften Anregen der Körperenergie Qi-Gong-Kugeln. Zwei Kugeln in abwechselnd die rechte und linke Hand gegeben, müssen so gegeneinander gedreht werden, daß sie sich nicht berühren. So werden nicht nur die Fingerfertigkeit und Geschicklichkeit, sondern auch die rechte und die linke Gehirnhälfte trainiert. Logisches Denken und Intuition werden miteinander verbunden. Japanische Geschäftsleute schätzen diese Kugeln. Insbesondere sind größere Ausgeglichenheit und Konzentration im Geschäftsleben von Vorteil. Für die Frau ist das ein Vorsprung gegenüber ihren männlichen Geschäftspartnern, denn Klugheit in Verbindung mit Intuition ist besonders anziehend und erhöht die weibliche Ausstrahlung.

Ein paar Verjüngungs-Übungen, Tai Chi oder Qi Gong werden die Körperenergie allmorgendlich harmonisieren, und eine Ernährung nach den fünf Elementen wird die Schönheit unterstützen.

Die Lage des Badezimmers

Achten Sie darauf, daß sich die Bäder niemals in der Mitte Ihres Hauses befinden. Vom Feng Shui-Standpunkt aus gesehen ist das Zentrum des Hauses dem Element Erde gleichzusetzen. Wasser steht in Konflikt mit der Erde. Sollten Sie dennoch diese Situation Ihr eigen nennen, so können Sie mit Steinen und Pflanzen die Situation retten und Ihr Feng Shui im Badezimmer verbessern.

Die meisten Menschen haben ihr Schlafzimmer neben dem Bad liegen. Das Bad steht im Feng Shui für Regeneration, nicht aber, wenn sich dort gleichzeitig die Toilette befindet. Denn auf ihr hinterläßt man den Stoffwechselballast, die Reststoffe, die der Körper nicht mehr benötigt. Die Energie, die hier entlassen wird, wird als *Sha* bezeichnet, das Gegenteil von *Chi*. *Sha* und *Chi* vertragen sich nicht miteinander. Deshalb sollten Schlafzimmer und Toilette möglichst voneinander getrennt sein, die Türen sich nicht in gerader Linie gegenüberliegen und das Schlafzimmer keine direkte Verbindung zum WC besitzen. Sollte das doch der Fall sein, so befestigen Sie einen Spiegel an der Außenseite Ihrer WC-Tür und schließen immer die Tür und den WC-Deckel. Allein die Geruchsbelästigung macht diesen Punkt schon verständlich.

Geben Sie beispielsweise einen Achteckspiegel oder ein Spiegelband in Feng Shui-Maßen auf die Außenseite der Tür.

Die Farben

Wenn dazu noch das hell gestrichene oder gekachelte Bad mit der antidepressiven Farbe Orange oder das hautbildverjüngende Apricot in Form von dicken, flauschigen Badetüchern und Bademänteln versehen wird, wird nicht nur Ihr morgendlicher Gang ins Bad eine Freude sein, sondern auch der letzte Blick in den Spiegel vor dem Zubettgehen. Apricot unterstreicht die Weiblichkeit und die Natürlichkeit.

Natürliche Pflanzen und lindgrüne Töne sind gepaart mit dem Komplementärton Apricot in südöstlichen und östlich gelegenen Bädern ein fabelhaftes Feng Shui. Lindgrün steht für das junge Holz im Feng Shui und bedeutet Gesundheit, Wachstum und Regeneration.

Licht

Vermeiden Sie Neonlicht und diffuses Streulicht, welches von Lichtquellen hinter milchigem Deckenglas zum Vorschein kommt. Gönnen Sie sich warmes, gelbliches Licht. Sorgen Sie auch im Bad für möglichst verschiedene Lichtquellen, nach dem Prinzip von Yang - Deckenbeleuchtung und Yin - kleinen Lämpchen, um sich jederzeit nach Stimmung und Jahreszeit ins richtige Licht zu stellen.

Spiegel

Ist Ihr Badezimmer sehr klein, so sind große Spiegel und gute Ecklösungen bei der Einrichtung entscheidend. Spiegel schaffen eine anregende Atmosphäre, die im Bad benötigt wird, um in den morgendlichen Rhythmus zu finden.

Schönheitsmasken

Beim Auftragen einer Gesichtsmaske lassen Sie bitte Augen und Mund frei, denn nach Feng Shui-Prinzipien entsprechen die Augen den Fenstern eines Hauses und der Mund der Tür. Beide Öffnungen würden Sie ja auch nicht zutapezieren!

Bäder für die Schönheit

Das Baden selbst dient heute wie zu Zeiten Kleopatras der Schönheit und der Regeneration von Körper, Seele und Geist und kann mit wundervollen Essenzen belebend wie harmonisierend wirken. Lediglich das Duschen ist der eigentlichen Reinigung vorbehalten.

Ansteigende Kreislauf-Fußbäder

Es gibt bereits Firmen, die solche Fußbadewannen herstellen, in denen die Temperatur von den Fußsohlen an langsam ansteigt. Das ist sehr sinnvoll, denn der unter der Fußsohle sitzende Nieren-Anfangspunkt transportiert die Energie in das Becken und den Unterleib hoch, fördert die Durchblutung und die Ausscheidung von Schlackstoffen. Sollten Sie keine solche Spezial-Fußbadewanne besitzen, so können Sie auch ein ansteigendes Fußbad kreieren, indem Sie heißes Wasser in das bereits handwarme Wasser nachgießen. Abgesehen von einer Reihe wirklich hilfreicher Bade-Zusätze, ist eine Tasse Meersalz pro Fußbad besonders hilfreich, wenn Sie vorwiegend am Computer arbeiten sollten. Ansteigende Fußbadekuren sind in der kalten Jahreszeit, besonders aber auch im Frühjahr und Winter ratsam. Sollten Sie sie als Kuranwendung durchführen wollen, so ist es ratsam, fünf Tage lang vor dem Zubettgehen die Füße zu baden und zwei Tage zu ruhen. Dies ist über einen Zyklus von mindestens vier, aber auch bis zu zwölf Wochen empfehlenswert.

Wannenbäder Jo Hsi Tsao

Warme Bäder helfen dem Körper wohltuend, Giftstoffe auszuscheiden und die Hautporen zu reinigen. Sie fördern den guten Schlaf und die Blutzirkulation. Achten Sie aus Feng Shui-Gründen darauf, daß Sie erst, nachdem Sie der Badewanne entstiegen sind den Abfluß öffnen.

Schönheitsbäder Molke

Geben Sie einen Liter Molke zusammen mit einem Schuß Olivenöl und, wenn gewünscht, ein paar Tropfen Ihres Lieblingsduftes in Ihre Badewanne. Ihre Haut wird damit samtig weich.

Ingwer-Bäder Chiang Hsia Tsao

Binden Sie ein Pfund in Scheiben geschnittene Ingwerwurzel in ein Baumwollsäckchen und legen dieses verschnürte Päckchen in acht Liter Wasser. Lassen Sie das Ganze dreißig Minuten kochen. Drücken Sie das Säckchen ab und an aus, damit der Sud gehaltvoll wird. Ist er fertig, so geben Sie ihn in Ihr vorbereitetes warmes Bad.

Das Säckchen können Sie ein bis zweimal wieder verwenden. Gönnen Sie sich diese Bäder, wenn Sie Muskelkrämpfe haben sollten oder Kälte im Körper spüren.

Grasbäder Tsao Hsi Tsao

Nehmen Sie ein Bündel frisch geschnittenes Gras und kochen Sie es in einem großen Topf dreißig Minuten lang. Gießen Sie dann den Sud durch ein Sieb in Ihr warmes Badewasser. Baden Sie zwanzig bis dreißig Minuten lang darin, duschen Sie sich kurz ab und gehen Sie am besten gleich zu Bett.

Sie werden sich immer dann nach diesem Bad sehnen, wenn Ihr Körper „sauer" reagiert bzw. Ihr Urin einen deutlich sauren pH-Wert aufweist. Die Gelenke werden spürbar freier.

Meersalzbäder Haiyan Hsitao

Um den Fettabbau zu beschleunigen und den Drüsen zu helfen, ihre Arbeit zu verrichten, werden drei oder fünf Handvoll Meersalz in einem großen Topf mit warmem Wasser aufgelöst. Anschließend gießen Sie den Salzsud in das Badewasser. Achten Sie darauf, keine weiteren Zusätze wie etwa Seife zu benutzen.

Entspannend wirken insbesondere Badezusätze mit Melisse und Wacholder.

Anregend sind Bäder mit je einer Handvoll Rosmarin, Thymian und Salbei. Bereiten Sie zunächst einen Sud vor und gießen diesen in das Badewasser ein. Danach kurz abtrocknen, noch feucht in ein großes Bettlaken einhüllen und für eine halbe Stunde ruhen. Sollten Sie am Abend noch etwas vorhaben, so werden Sie dafür wieder fit sein.

6.

Säule der Schönheit:

Beauty Schmink- und Pflegetips

Alles im Universum entspricht den Prinzipien von Yin und Yang. Der Mensch wird geprägt von dem Gleichgewicht der Kräfte, die sich von Mensch zu Mensch andersartig sichtbar ausprägen. Einerseits wird sich Ihre Gesundheit, zum anderen Ihre gedankliche Einstellung gegenüber dem Leben und den Menschen in Form von Schönheit oder Pickeln, blasser Gesichtsfarbe und schlechter Haltung bemerkbar machen.

Wenn Sie Yin-Tendenzen zeigen, dann sind Sie von weniger hohem Wuchs, gehen mehr in die Breite, neigen zu früher Ergrauung und Falten. Dann liegt das sicher daran, daß Sie sich auch entsprechend ernähren. Yang-Tendenzen entstehen durch eine ausgewogene Ernährung der Elemente, Sport, Interesse am Leben und Veranlagung. Lange, schmale Hände, ein langes Gesicht und die hagere Gestalt sind beispielsweise Anzeichen für Yang-Tendenzen.

Der Körper, die Haltung und der Gesichtsausdruck werden schon im Mutterleib angelegt und entwickeln sich über die Jahre. Zu einem hohen Prozentsatz können Sie sich selbst im Laufe des Lebens formen, verändern, Krankheiten vermeiden und eine positive lebensbejahende Einstellung gewinnen, die sich in Ihrem Äußeren vorteilhaft zeigen wird.

Betrachten wir nun gemeinsam Komponenten des Äußeren, die sofort augenfällig werden.

Die Haare

Die Haare zeigen repräsentativ den Zustand der Darmzotten an. Menschen mit hohem Fleischkonsum haben oft dünnes, weißes oder graues Haar. Dieses ist in seiner Eigenschaft Yin. Sind zu viele Toxine im Körper und hat man zu viel synthetische Getränke zu sich genommen, dann neigen die Haare dazu, sich zu spalten und zu kräuseln. Bei großem Konsum von Zucker, Früchten und Fleisch wird es brüchig, weil es seine Elastizität verloren hat. Wer gespaltene Haarspitzen hat, ist oft sehr sensibel und hat Probleme mit dem Unterleib, Frauen möglicherweise mit den Eierstöcken. Die gleichen Anzeichen kann man auch durch mögliche Schwächen im Unterleib bekommen. Wenn es ausfällt, können Streßfaktoren, insbesondere z.B. Trennungskonflikte eine Rolle spielen. Haarausfall entsteht in der Regel nicht nur als Folge von psychischen Schocks, sondern auch von einem Übermaß an Flüssigkeit, Früchten, hohem Milch- und Ei-Konsum und Zucker. Wer unter Schuppen leidet, wird wahrscheinlich eine stark proteinhaltige Nahrung zu sich nehmen. Reduziert er diese, so bilden sich die Schuppen allmählich zurück. Wer pflanzliche Nahrung bevorzugt, wird eher dickes Haar auf dem Kopf tragen. Die Elastizität der Haare ist gewährleistet, wenn ihre Yin- und Yang-Eigenschaften ausgewogen sind. Zu viel Salz kann auch die Nieren und schließlich die Nebennieren schwächen, was sprödes Haar verursachen kann. Manchmal liegt aber nur ein Mineralstoffbedarf vor, der mit einem hohen Anteil von Gemüse in der Nahrung meistens schon gedeckt werden kann. Wer Yang-Nahrungsmittel zu sich nimmt, wird eher lockigeres und dickeres Haar je nach Veranlagung haben. Schauen Sie sich hierzu noch einmal das erste Kapitel - Ernährung - an.

Hätten Sie gedacht, daß schönes Haar eine freundliche und großzügige Mentalität spiegelt? Wer viel tierische Produkte, insbesondere Fisch und Hähnchen ißt, kann viele Schuppen bekommen. Wer zu trockenem Haar neigt, wird zu wenig getrunken oder zu wenig Öl mit der Nahrung zu sich genommen haben. Wer zuviel trinkt, bekommt unter Umständen einen zu feuchten Haarboden und Haarausfall. Eine Glatze läßt eher geizige Aspekte zum Vorschein kommen, und dünnes Haar auf Kurzangebundenheit hinweisen. Schwermetalle und chemische Gifte können Haarausfall begünstigen. Fettiges Haar kann aus einer zu fetten Ernährung resultieren. Wer schon in frühen Jahren zu grauem Haar neigt, hat zu wenig Yang-Energie, sicher Streß und Yin-Ernährung: synthetische Säfte, Alkohol, Süßigkeiten oder zu viel Eier, Hartkäse, Hühnerfleisch und Salz zu sich genommen.

Der Kopf wird von zwei Hauptmeridianen versorgt, dem Blasen- und dem Gallenblasen-Energiestrom. Akupunktur kann deshalb erfolgreich bei Haarproblemen eingesetzt werden. Um den Gallenenergiestrom zu stärken, sollten Sie auf zuviel Fett verzichten und Alkohol meiden. Vollkorngetreide, Gemüse, Hülsenfrüchte, Meeresfrüchte und Fisch sind eine gute Unterstützung für eine Ernährung, die den Haarwuchs und die Struktur fördert und verbessert. Für die Nieren eignen sich die Reis- und Adzukibohne, getrockneter Blatt-Tang, japanischer Purpurtang und Gerste-Buchweizen-Gerichte. Außerdem sollten Sie täglich die kaiserlichen Verjüngungsübungen praktizieren, um einen freien Fluß der Energie durch den Körper zu begünstigen.

Schöne und lange Haare sind das Symbol für Weiblichkeit, und das nicht nur bei Models, wie Cindy Crawford. Fast jeder Mann ist von den Haaren einer Frau fasziniert. Dabei ist es nicht entscheidend, daß sie lang sind, wenn das auch am erotischsten ist, sondern geschmeidig und glänzend.

Dünne, herabhängende, stumpfe und fette Haare wirken weniger attraktiv.

Was signalisieren die verschiedenen Haarfarben unter Feng Shui-Aspekten? Rote Haare (wie sie z.B. Milva hat) gehören zum Element Feuer und symbolisieren Leidenschaft, das Geheimnisvolle und die aktive Frau. Dunkle Haare werden dem Yin zugeordnet und wirken vital und warmherzig. Denken Sie z.B. an Hannelore Elstner oder Iris Berben, die mit ihren schwarzen Haaren, ihrer großen Ausstrahlung, Vitalität und Schönheit verkörpert.

Blondes Haar reflektiert das Licht, wirkt distanziert, kühl und zielstrebig. Nach chinesischer Auffassung sind Blondhaarige mit einem schwachen Yang ausgestattet. Wenn wir dies aus der Sicht der Asiaten betrachten, die in der Regel dunkles, schwarzes Haar haben, mag dies auch zutreffen.

Was Sie aus natürlicher Sicht für Ihr Haar tun können:

Beachten Sie die obigen Ernährungshinweise, und verwenden Sie beispielsweise eine Haartönung, die den eigenen Haarton besser zur Geltung und mehr Lichtreflexe ins Haar bringt. Henna ist beispielsweise ein dem Haar wohltuender Stoff der Erde. Aber auch Haarkuren mit warmem Olivenöl, das über Nacht eingezogen wahre Wunder bewirkt oder Kuren mit frischen Eidottern nähren das Haar und den Haarboden.

Ein guter Schnitt ist alles! Gespaltene Spitzen sehen eher ungepflegt aus.

Sie sollten wissen: Richten Sie sich nach dem Mondkalender, wenn Sie das nächste Mal zum Friseur gehen wollen. Es eignen sich die Zeiten des abnehmenden Mondes. Außerdem die Tage Mittwoch und Donnerstag, da sie Holztage sind und sich aus Feng Shui-Sicht ebenso für einen Haarschnitt eignen.

Das Leben verändert sich und es kann von Mal zu Mal wichtig sein, sich diesem anzupassen, seinen Standpunkt zu wechseln und mit dem Fluß des Lebens zu gehen, was einen neuen Haarschnitt nach sich ziehen kann, denn wer seine Haare verändert, ändert auch seine Einstellung.

Der Beauty Feng Shui Tip:

Legen Sie Ihre Daumen am Hinterkopf an, und massieren Sie sich mit den Fingerspitzen die Kopfhaut kräftig, aber ohne Haare auszureißen, von oben nach unten, so wird der Meridian - Dui Mai - aktiviert, der ein Yang-Energiestrom ist und den energetischen Nährboden für den Haarwuchs zur Verfügung stellt. Wandern Sie mit den Daumen von außen nach innen zur Mitte des Hinterkopfes, und beginnen Sie wieder von vorn. Acht Wiederholungen und Sie werden sich frisch fühlen (auch wenn Sie lange Schreibarbeiten durchgeführt haben sollten).

Im zweiten Durchgang setzen Sie die Daumen nicht allzu fest oberhalb der Ohren an und ziehen die Finger mit kräftigen Strichen vom Scheitel bis zum Hinterkopf.

Im dritten Durchgang setzen Sie die Daumen seitlich am Hinterkopf an und streichen mit Daumen und Fingern aufwärts zum Haaransatz.

Beide Durchgänge führen Sie auch achtmal durch. Sie wissen ja, oder noch nicht, daß die Zahl Acht im Feng Shui grundsätzlich äußerst erfolgversprechend ist.

Brüchiges Haar

Vermeiden Sie Zucker und Fleisch. Essen sie stattdessen Gemüse und gönnen sich Jod in Form von Meerespflanzen. Runden Sie Ihre Zuwendungen für Ihr Haar mit einer warmen Olivenölpackung einmal wöchentlich ab: drei Eßlöffel Olivenöl im warmen Wasserbad erwärmen und mit einem Eigelb verquirlen. Auftragen, Klarsichtfolie darüber (oder die Badehaube), Handtuch umwickeln und einige Stunden ziehen lassen und anschließend zweimal gründlich durchwaschen. Affirmieren Sie: Ich bin in Einheit mit mir selbst und gebe meinem Körper ausschließlich die beste Nahrung.

Haarausfall

Reduzieren Sie Salze und Flüssigkeit. Essen Sie Misosuppe und mit Kräutern gewürzte Gerichte, Naturreis und Vollkornprodukte. Falls Sie einen Metallkamm besitzen sollten, so wechseln Sie diesen gegen einen Holzkamm oder einen mit Naturborsten aus und affirmieren Sie: Ich danke meinem prächtigen Haar, daß es so wundervoll wächst und gedeiht.

Graue Haare

Üben Sie sich in Meditation, Qi-Gong, Tai-Chi, Yoga oder Autogenem Training. Werden Sie ruhig und gelassen dem Leben gegenüber. Gönnen Sie sich täglich die Mittagssonne 20 Minuten lang auf Ihrem Kopf, und gehen Sie zu Gemüse - und Vollkornprodukten über.

Schuppen

Zu viel Toxine fördern die Schuppenbildung. Reduzieren Sie deshalb eiweißreiche Nahrung und ersetzen diese durch Gemüse.

Die Augen

Gerade die Augen sind nicht nur Spiegel der Seele eines Menschen und seiner momentanen Regungen, sie sind auch Abbild des Körpers im Kleinen und werden vom Holz-Element, den Organ- und Meridiansystemen von Leber und Galle beeinflußt. Diese sind nah mit dem Gehirn verbunden und reagieren empfindlich auf Sauerstoffmangel. Sie benötigen achtmal und das Gehirn dreißigmal so viel Sauerstoff wie andere Körperzellen. Gerade deshalb ist frische Luft zum Lernen, Lesen und Arbeiten erforderlich. Grünpflanzen im Raum, Wasserbrunnen und lindgrüne Farbanstriche an den Wänden sind besonders wohltuend für die Augen. Weiße Wandfarbe hingegen macht sie müde.

Augen können herrisch, verschlagen, gut, schläfrig, sinnlich, wütend oder irre aussehen. Man kann sie zwar hinter einer Sonnenbrille verstecken, aber irgendwann wird diese abgesetzt werden und die Augen verraten, ob die Person machtbewußt, vertrauenswürdig oder herrisch ist. Auch das Blinzeln, das eine natürliche Angewohnheit ist, gibt über den Menschen Auskunft. Wer wenig blinzelt ist seelisch stark und mit sich in der Einheit des Tao. Wer sehr stark blinzelt sollte wissen, daß sein Körper versucht, überschüssiges Yin aus dem Körper loszuwerden. Auch schwammige Augensäcke sind ein Yin-Zeichen und deuten auf ein Zuviel an Flüssigkeit im Körper hin. Die vom inneren Augenwinkel um das Auge herumgehende bläuliche Verfärbung weist womöglich auf eine Stockung der Blutzirkulation hin. Suchen Sie in diesem Fall nach Möglichkeit einen Arzt für Traditionelle Chinesische Medizin auf, oder fragen Sie Ihren Hausarzt danach, was zu tun ist. Ist die Ursache beseitigt, kann die Schönheit gedeihen.

Die Augenform

Welche Augenform Sie auch immer haben mögen, betonen Sie sie nicht rund, da dies einer Betonung von Yin gleichkäme. Verwenden Sie z.B. dafür Kajal, so geben Sie Ihren Augen einen größeren Aufmerksamkeitsfaktor.

Da Feng Shui sehr eng mit der Gesichtlesekunst verbunden ist, um die Zukunft des betreffenden Menschen in die holistische Analyse einzubeziehen, darf ich die Bedeutung der Augenfarben an dieser Stelle erwähnen. Schwarze Augen zeugen nach Meinung der Chinesen von Entschlußkraft, Weitblick und hohem Intelligenzgrad. Dunkelbraune Augen signalisieren Loyalität und hellbraune werden mit der Fähigkeit in Verbindung gebracht, sich aus unglücklichen Situationen ohne Schaden herauszuziehen. Alle anderen müssen oft härter arbeiten, um überdurchschnittliche Erfolge zu erzielen.

Experiment

Vor vielen Jahren habe ich mit Schülergruppen Experimente mit den Augen durchgeführt. Das rechte Auge ist das Yang-Auge und das linke das Yin-Auge. Das heißt, das rechte Auge kann man aktiv verstellen, beeinflussen, es lachen oder weinen lassen, das linke nicht. Schaut man jedoch hinein, kommt es zu einem Gefühls-Bewußtseins-Austausch des Über-Ichs, mit sich selbst oder einer anderen Person. Meist schauen die Menschen sich gegenseitig in das rechte Auge, weil sie den Blick in das linke - Seelenauge - oft nicht ertragen können. Betrachten Sie einmal Portraitfotos von sich oder Fotos aus der Zeitung. Decken Sie dann jeweils mit einer Hand das Gesicht bis auf das betreffende Auge ab und betrachten Sie es in Ruhe. Sie werden sehr bald die Sprache der Augen lesen können. Wenn Ihre Freundin oder Ihr Freund zu Ihnen kommt, so schauen Sie ihnen in das linke Auge, und sie wissen, wie es ihnen wirklich geht.

Es gibt eine Methode, die ich in meinen Seminaren lehre, wie man sich selbst strahlende Augen schaffen kann. Nehmen Sie den Mittelfinger beispielsweise der linken Hand und halten ihn vor die rechte Pupille so, daß Sie Ihre Pupille im Spiegel nicht mehr sehen können. Lächeln Sie dann Ihre Fingerkuppe Ihres linken Mittelfingers an und schicken Sie Gefühle der Liebe dorthin. Holen Sie diese Liebe tief aus Ihrem Herzen und versuchen Sie, diese auch körperlich zu spüren, so daß Ihnen vor Rührung die Tränen kommen könnten. Wenn Sie dieses Gefühl haben, dann ziehen Sie die Fingerkuppe weg, und Sie blicken für den Bruchteil einer Sekunde genau in die Pupille Ihres rechten Auges. Es strahlt auf! Das gleiche tun Sie mit dem linken Auge. Hier kann es vorkommen, daß Sie zwei- oder dreimal das Verfahren wiederholen müssen, dann aber wird Ihnen der Erfolg sicher sein. Was Sie mit sich selbst tun, können Sie auch mit und für Ihren Partner tun.

Der Ausdruck der Augen

Der Ausdruck der Augen ist entscheidend! Pflegen Sie liebevolle Gedanken. Tschu Li sagte schon: Der Geist, der allen Dingen Leben verleiht, ist die Liebe.

Übrigens sollte ein Augenaufschlag zum anderen Geschlecht nicht länger als vier Sekunden dauern, weil dies sonst als Belästigung empfunden werden könnte ,und nicht weniger als zwei Sekunden, weil das Desinteressevon bekunden würde. Sie sollten wissen:

- Der Augenaufschlag von oben herab wirkt arrogant.
- Der Augenaufschlag von der Seite oder von unten nach oben besagt Unaufrichtigkeit oder Unsicherheit.
- Der Augenniederschlag bedeutet: Ich will eine Sendepause haben.

Beachten Sie für die Wirkung Ihrer Augen:
Kajalstift sollte nicht nur am unteren Lidrand aufgetragen werden, da sonst der Betrachter und auch damit seine Energie nach unten hin, zum Yin orientiert wird. Siang-Mien-Meister meinen, daß die untere Augenlidpartie auch die Liebesregion verkörpert. Wird sie schwarz überbetont im Verhältnis zum Oberlid, dann ist das Liebesleben nicht harmonisch. Yang zu betonen heißt, dem oberen Lidrand mehr Betonung zu verleihen. Immer den Kajal mehr am äußeren, oberen Lidrand ansetzen und leicht nach oben ziehen. Schwarzer Puder in der äußeren Lidfalte macht die Augen sinnlich tief.

Nach den dunklen Farben die helleren von innen nach außen auftragen. Alles gut mit dem Pinsel verwischen und abpudern. Verwenden Sie Glanzreflexe für die Region unterhalb der Brauen und der Augenlidmitte über dem oberen Lidrand.

Aufgrund von viel Süßigkeiten können die Augenbrauen dünn sein, ein typisches Anzeichen für das Überwiegen von Yin. Zeigen sie gar mit den Enden bis hoch zu den Schläfen, dann haben Sie sich wahrscheinlich über lange Zeit zu viel Fleisch zugeführt und es besteht ein Mangel an Energie im Körperinneren. Schöne runde, dichte Brauen sind ein gutes Anzeichen von Yang-Lebensenergie. Die meisten Frauen bürsten sich wahrscheinlich aus eben diesem Grund die Brauen nach oben und färben sich diese dunkler, um den Eindruck von Lebenskraft zu verstärken. Dazu gehört auch die Brauen nach oben zu bürsten, das bewirkt einen positiven Eindruck, denn Aufwärtslinien sind Yang-Linien und diese sind aktiv und stark.

Der Beauty Feng Shui-Tip:

Legen, setzen oder stellen Sie sich gerade hin. Halten Sie den Kopf gerade, und beginnen Sie mit einer langen Ausatmung. Legen Sie die Hände mit der hohlen Handinnenfläche auf die Augen und stellen Sie sich tiefschwarze Nacht vor. Wenn Sie dies erreicht haben, dann bewegen Sie Ihre Augen im Sinne einer liegenden Acht. Achtmal rechts herum, Pause, dreimal lang ausatmen und achtmal links herum. Dann öffnen Sie die Augen und schauen für drei Sekunden ganz in den rechten, dann in den linken Augenwinkel, anschließend nach oben, unten, diagonal und enden mit dem Blick zur Mitte. Dann pressen Sie die Fingerspitzen beider Hände auf die Augenbrauen, die oberen Wangenknochen und den knöchernen Außenrand der Augen. Anschließend reiben Sie sich die Nasenflügel mit den Fingerspitzen. Massieren Sie Ihre Kopfhaut kräftig mit beiden, flachliegenden Händen. Legen Sie anschließend die Hände wieder auf die Augen und stellen sich noch einmal tiefe Dunkelheit vor. Versuchen Sie es doch mal, Sie werden sich erfrischt und schön fühlen!

Der Mund

Der Mund ist im Feng Shui-Sinn als Verlängerung des Dickdarmes zu betrachten. Eine dicke Unterlippe kann z.B. auf einen trägen Darm hinweisen. Die Peristaltik ist schwach, und es kann zu Verstopfungen oder Durchfällen kommen. Bei zu fettreicher Ernährung sind die Mundwinkel, die den Zustand des Zwölffingerdarmes zeigen, wund und entzündet. Deshalb gilt häufig auch hier, die 1. Säule der Schönheit zu betrachten und sich um eine ausgewogene Ernährung zu bemühen.

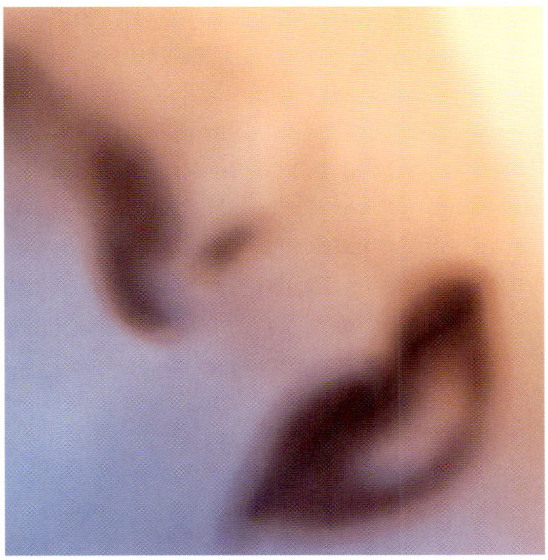

Ein großer Mund kann auf eine Schwäche im Verdauungstrakt hinweisen. Ist eine Lippe größer als die andere, weist dies auf einen Überschuß an Yin hin. Haben Sie schmale Lippen, pressen diese zudem immer zusammen, dann ist dies ebenso. Wer eine geschwollene oder rissige Oberlippe hat, trachtet am besten danach, seinen Magen in Ordnung zu bringen. Wer eine geschwollene Unterlippe hat, wird im Gegensatz dazu seinen Darm unter die Lupe nehmen. Trockene Lippen sollten nicht nur mit dem Fettstift kaschiert werden, besser noch ist, den Toxinen im Körper auf die Spur zu kommen.

Im Feng Shui ist auch die Farbe von Bedeutung, so ist es nicht verwunderlich, daß diese für die Schönheit eine Rolle spielt. Nach europäischen Gesichtspunkten sind blaßrote Lippen ein Spiegel von Gesundheit. Sind sie dunkelrot ist zu viel Hitze - Yang im Körper. Sind sie zu blaß, dann könnte es sich um Blutarmut handeln. Beseitigen Sie die Ursache und Ihrer Schönheit steht nichts mehr im Weg.

Einen schönen Mund zu haben ist nicht angeboren, es gilt vielmehr, ihn zu pflegen. Denn weder rissige noch spröde Lippen annimieren zum Küssen. Daher gilt: Bei extremen Witterungsbedingungen brauchen die Lippen einen Austrocknungsschutz, einen Lipstick mit UV-Filter und hohem Fettanteil, sowie Pflegestoffen der Aloe Vera-Pflanze, Honig u.a. Natürlich können Sie auch Honig pur auftragen oder sich die Lippen mit Kirschsaft oder Marmelade statt Lippenstift färben.

Wer nicht so einen gleichmäßig geformten, ausdrucksstarken Mund haben sollte, kann mit einem Konturenstift nachhelfen, der immer mindestens eine Nuance dunkler sein sollte als der Lippenstift, abpudern, noch einmal Lippenstift auftragen, abpudern und die Farbe hält den ganzen Tag. Kleine Lippen brauchen helle Lippenstifte, weil das optisch vergrößert, große Lippen vertragen kräftige Töne, da sie optisch verkleinern. Zu beachten ist, daß die Farbe des Lippenstiftes ihre Ergänzung in der Rougefarbe finden muß. Dabei ist es ganz wichtig, daß diese beiden Farben entweder als Komplementärfarbe oder als Ton-in-Ton-Farbe zur Kleidung aufgetragen werden. So ergibt sich ein harmonisches Gesamtbild. Natürlich sind viele Modetips eine Zeiterscheinung. Finden Sie heraus, was Ihnen Lust und Laune bereitet und Ihre Persönlichkeit unterstreicht.

Im Feng Shui werden nicht nur Farben und Formen, sondern auch Gerüche betrachtet. So ist es nicht verwunderlich, daß wir uns an dieser Stelle mit dem Thema Mundgeruch beschäftigen. Wer glaubt, daß Rauchen (abgesehen von der gesundheitsschädlichen Wirkung) sexy sei und Zwiebeln und Knoblauch vor einem Rendezvous zu esssen absolut normal, der könnte sich irren. Grundsätzlich aber sind Zwiebeln und Knoblauch hervorragende Bakterien- und Virenkiller. Kauen Sie nach dem Genuß ein paar Samen Kardamom, essen Sie ein paar Stengel Petersilie, oder trinken Sie ein paar Schluck Milch. Denn unser sensibles Geruchsorgan, die Nase, nimmt alles wahr! Ungeputzte Zähne, wie etwa auch das faulig riechende Huhn von gestern im hinteren Backenzahnbereich, sind die Attraktivitäts-Killer Nummer eins.

Natürlich gibt es auch eine Reihe von Krankheiten, bei denen Menschen aus dem Mund übel riechen. Nicht zu verwechseln mit jenen, die gerade eine Fastenkur machen.

Ahnten Sie schon, daß Frauen auch durch Östrogenmangel senkrechte Falten oberhalb der Oberlippen bekommen können? Heutzutage läßt sich auch dieser mit Hilfe Ihres Frauenarztes beseitigen.

Zu guter Letzt sollten Sie die Worte bedenken, die aus Ihrem Mund sprudeln. Worte des Zornes sollte man meiden, Worte, die das Schöne, Wahre und Gute betonen, so oft wie möglich benutzen. Das macht einen schönen Mundausdruck, bringt gute Beziehungen zu den Mitmenschen mit sich und tut der eigenen Seele gut. Meng Tse sagt: „Werde nie zornig! Sonst könntest du an einem einzigen Tag das Holz verbrennen, das du in vielen sauren Wochen gesammelt hast."

Beauty Feng Shui-Tip:

In China hat das Wort Speichel das Schriftzeichen „Leben". Interessanterweise besteht das Zeichen „Leben" aus „Zunge" und „flüssig"!

Hierzulande ist der Speichel hinreichend untersucht und wirkt nicht nur als Vorverdauer der Speisen. Er wird auch zur Heilung von Wunden benutzt. Noch heute gibt es in Südamerika Heiler, die ihre große Heilkraft mittels Speichelübertragung auf den Patienten übergeben.

Dank der Feng Shui-Empfehlungen, die allen Ärzten der Traditionellen Chinesischen Medizin ebenso bekannt sind, gibt es zahlreiche wohltuende und gesundheitsfördernde Empfehlungen für den Mund. Bewegen Sie beispielsweise fünfzigmal die Zunge in schnellen, kräftigen Bewegungen am Gaumen vorbei, als ob Sie dort oben etwas abreiben wollten. Sie werden bald merken, wie anstrengend dies zunächst ist, aber auch von Erfolg gekrönt, denn Sie spülen so entgiftend Ihre Mundhöhle aus. Da der Mund das Ende des Darmes, oder der Anfang ist, haben Sie so den ersten Schritt zu einem gesunden Darm getan. Wenn dieser gesund ist, fühlt sich auch Ihre Haut wohl. Eine schöne Haut vermittelt ein wunderbares Gefühl und ist Mittler zwischen der Innen- und Außenwelt. Bauen Sie gute Beziehungen zu Ihrer Außenwelt auf, indem Sie sich wohl in Ihrer Haut fühlen, oder etwa nicht?

Die Haut

Die trockene Haut ist Ausdruck eines übermäßig starken Essens von gebratener Nahrung und tierischen Fetten.

Trockene Haut kann ein Ausdruck von Toxinen sein und zu starkem Yin. Wenn Sie stark schwitzen sollten, dann kann auch zu viel Flüssigkeit im Körper sein und die Nierenenergie angegriffen. Überprüfen Sie Ihre Ernährungsgewohnheiten.

Auch heißes Baden laugt die Hautfette aus und sollte nicht mehr als einmal pro Woche stattfinden. Ein Schuß Olivenöl und Milch im Badewasser sind nicht nur für die Babyhaut eine Wohltat, sondern auch für jede zur Trockenheit neigende Haut. Vielleicht möchten Sie auch Rosenblüten verwenden. Die Rose, als Ausdruck der Schönheit, ist das Symbol der ewigen Jugend.

Wer Angst vorm Altern hat, sollte allabendlich einen Rosentee mit Rosmarin gewürzt trinken, oder er verwendet Rosenelixier und gießt es als warmen Schlummertrunk auf. Die Rose ist in Europa die Göttin der Schönheit der Haut, in Asien ist es die Lotosblüte. Ihre samtigen Blätter wecken die Assoziation des Zarten und Lieblichen. Man weiß von der Rose, daß sie tonisierend, adstringierend und reinigend wirkt.

Schauen wir in die Geschichte der Rose: Rosen gibt es schon lange. 1500 v.Chr. wird Persien als Land der Rosen bezeichnet, die persische Stadt Hafis ist Haupthandelszentrum für Rosen und Rosenwasser. Hafis galt seinerzeit als lieblichster Ort auf Erden. Selbst in den assyrischen und griechischen Gärten auf Lesbos hat man Rosen kultiviert. In der kaiserlichen Bibliothek von Peking findet man zu Zeiten von Konfuzius (551-479) immerhin sechshundert Rosenbücher. Von dort ist ein schönes Rosenbad-Rezept für samtweiche Haut übermittelt, das Ihnen sicherlich sehr viel Freude bereitet:

Geben Sie eine Handvoll Rosenblätter (ungespritzt) in ein Keramikgefäß, und fügen Sie ein bis zwei Tassen Mandelöl hinzu. Lassen Sie die Mischung sodann an einem warmen Platz eine Woche abgedeckt stehen.

Seien Sie sie danach durch ein Leinensäckchen (oder Taschentuch) ab. Geben Sie dem Badewasser frische Rosenblätter hinzu und fertig ist das Wonnebad!

Entfaltungszeit

Wer ein schönes Hautbild behalten möchte, sollte auch seine Ruh- und Wachphasen dem Tag- und Nacht-Rhythmus anpassen, frühzeitig schlafengehen und mit den Hühnern aufstehen. Top-Models wissen dies, sie müssen zwischen acht und neun Uhr abends ins Bett, um am nächsten Morgen „entknittert" zu sein!

Gönnen Sie sich immer Augenblicke der Ruhe, damit geben Sie auch Ihrer Haut die Möglichkeit, ihren Tonus zu bewahren. Bauen Sie gute Beziehungen zu anderen in Ihr Leben ein und belohnen Sie sich selbst, das tut gut.

Sagt doch Tschen Tschin: „Gönne dir einen Augenblick der Ruhe und du begreifst, wie närrisch du herumgehastet bist. Lerne zu schweigen und du merkst, dass du viel zu viel geredet hast. Sei gütig und du siehst ein, dass dein Urteil über andere allzu hart war."

Der Busen

Haltung ist fast alles!

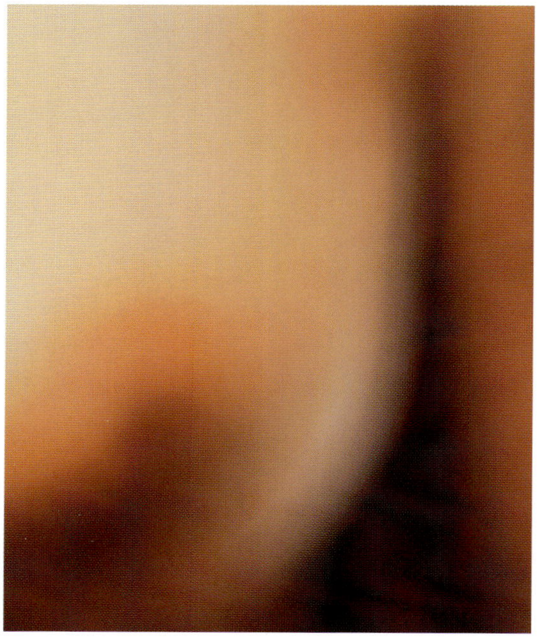

Statistiken belegen, daß ihn 85% der Männer zuerst wahrnehmen, den Busen. Was viele Frauen in heutiger Zeit dazu veranlaßt, sich denselben vergrößern oder verkleinern zu lassen. Ich kenne Frauen, die nach solchen Eingriffen statt sich besser und schöner zu fühlen, nun zusätzlich noch unter Kopfschmerzen und Migräne leiden. Narben sind energetische Störfelder und behindern den Fluß von Chi durch den Körper.

Es gibt wunderbare Rezepte für einen straffen Busen, ohne Narben:

Schwimmen Sie möglichst gleich nach dem Aufstehen im kalten (Meer) Wasser. Duschen Sie dann warm, abschließend massieren Sie den Busen abwechselnd kalt und warm und pflegen ihn mit Oliven- Avocado- oder Mandelöl. Tragen Sie einmal in der Woche eine Brustpackung mit einer dicken Fettcreme auf, legen Sie ein Tuch darüber und lassen Sie für zehn Minuten Rotlicht auf Ihren Busen. Planen Sie regelmäßig die verjüngenden „Hui Chun Gong"-Übungen und isometrische Spannungsübungen in Ihr tägliches Programm ein. Legen Sie beispielsweise beide Hände vor der Brust zusammen, Ellenbogen nach außen, Fingerspitzen himmelwärts, abwechselnd drücken und lösen Sie die Handflächen. Atmen Sie dabei normal weiter.

Was Sie kaum verblüffen dürfte: Liebe macht den Busen schön! Eine Frau, die sich mit ihrem Busen beschäftigt und eine liebevolle Einstellung zu ihrer Brust gewinnt, nimmt auch ihr Frau-sein an. Wer gern Frau oder Mutter ist, hat eine wunderbare Ausstrahlung. Wer sich selbst liebt, kann auch zu anderen liebevolle Beziehungen aufbauen.

Die Haltung ist für den Busen das A und O, sie sagt aber auch sehr viel über Ihre seelische und geistige Verfassung aus.

Hängende Schultern zeigen: Mir ist alles zur Last geworden. Hochgezogene Schultern: Ich möchte mich am liebsten verkriechen, kuscheln und anlehnen oder ganz allein sein.

Beauty Feng Shui-Tip: Beim Einatmen die Schultern zurückbewegen, den Bauch- und Brustkorb weiten, beim Ausatmen loslassen.

Die Haltung hängt von folgenden Faktoren ab:

- Ich-Kraft (Wie trete ich auf und stehe zu mir?)
- Bindegewebsbeschaffenheit
- Muskulatur
- Krankheiten (Schmerzen etc.)
- Zustand der Seele
- Energiefluß (der durch Narben und blockierte Gelenke behindert sein kann)
- Belastungen (Taschen tragen etc.)
- Grad der Müdigkeit
- Grad des Alkoholgenusses
- Einfluß von Kälte und Wärme

Die beste Haltung erreichen Sie, wenn Sie sich bewußt leicht in das Hohlkreuz setzen, den Kopf gerade über den Rumpf halten, so, als ob jemand den Kopf mit einem Faden wie bei einer Marionette halten würde. Loslassen, lassen Sie sich in der geraden Linie der Wirbelsäule entspannt fallen und schon ist Ihre Haltung perfekt. Anfangs wird dies nur für Minuten wahrhaft angenehm sein. Später werden Sie diese Haltung nicht mehr missen wollen und können stundenlang bequem in sich ruhend so sitzen. Der Busen wird so optimal von den Muskeln und Bändern des Brustkorbes und des Rückens gehalten. Bei zu großem Busen sollten Sie auch einen guten BH tragen. Achten Sie darauf, daß die Träger nicht einschneiden, sonst unterbrechen Sie wichtige energetische Zuflüsse zum Kopf. Schnürt der BH den Brustkorb ein, behindert er die Atmung. Das führt nicht nur zu unschönen Abdrücken auf der Haut, sondern auch zu Sauerstoffmangel im Blut, der wiederum zu einer fahlen Haut führt.

Wichtig: Ob Ihr Busen klein oder groß ist, spielt keine Rolle! Die Gewebestraffheit, die Bewegung Ihres Körpers und ein Lachen können mehr wert sein als die Größe Ihres Busens.

Beauty Feng Shui-Tip

Stellen Sie sich aufrecht hin und streichen Sie mit beiden Händen von den Schläfen über die Wangen abwärts zum Hals bis zur Mitte des Schlüsselbeins und von dort um den äußeren Warzenhof der Brust. Von hier aus die Hand drehen und mit dem Handrücken bis drei Querfinger unterhalb des Nabels streichen, dort verweilen. Über die Körpermitte, mit der Handinnenfläche zum Körper gewandt, wieder hochstreichen bis zum Kopf und von neuem beginnen. Wiederholen Sie diese Übung achtmal.

Sie aktivieren mit diesen Bewegungen den Magenmeridian, der die Brust versorgt, und das Haupt-Yingefäß des Körpers - Ren Mai. Darüber hinaus wird damit der Lymphabfluß verbessert und Schlacken leichter abgebaut.

Die Beine

Männer schauen gern hin, wenn die Beine lang, schlank und straff sind, erst recht, wenn sie in hohen Pumps stecken und mit phantasievollen Strümpfen Signale setzen. Schönheit sollte ewig halten. Das erfordert aber einige Mühen. Straffe Beine erreichen Sie zum Beispiel mit Lauftraining, Radfahren und Schwimmen, Bürstenmassage, einer ausgewogenen Ernährung, gut beweglichen Gelenken und gesundem Schuhwerk. Wechselduschen, Kaltwassertreten und richtiges, aufrechtes Sitzen sind sicher schon Beauty-Alltag bei Ihnen und werden auf dem Weg zu dauerhaft schönen Beinen helfen. Cellulite ist übrigens bis zu einem gewissen Grad normal. Wenn es mehr wird: Massagen, Thermocremes, Bewegung, Luft und Sonne.

Die Ärzte Chinas halten die fortgeschrittene Cellulite für eine Art Vergiftung, die auf eine Funktionsstörung der Nieren, der Leber und des Verdauungstraktes zurückzuführen ist. Deshalb sollten Sie alle den Körper verschlackenden Nahrungsmittel, wie Zucker und Weißmehl meiden. Bevorzugen Sie natürliche Nahrung und meiden Sie chemisch erzeugte. Sehr wirksam sind Pflanzen, die in der Traditionellen Chinesischen Medizin zur inneren und äußeren Anwendung kommen. Sie reinigen die Organe und setzen sie wieder in Bewegung. Für die äußerliche Anwendung gibt es Präparate, die auf Efeu-Basis beruhen. Zerreiben Sie Efeu (Hedera helix) und reiben Sie ihn in die Haut ein - legen Sie warme Kompressen darüber und die Wirkungen werden sich wohltuend verbreiten (sagen die Chinesen). Oder Sie lassen Efeublätter zehn Minuten in einem Topf mit Wasser kochen und benutzen den Sud für Kompressen. Das Ergebnis: Die Orangenhaut entspannt sich und sieht geschmeidiger aus. Gleichzeitig werden die innerlich freigesetzten Toxine (Giftstoffe) ausgespült. Unterstützen Sie dies durch Efeublättertee aus der Apotheke, den Sie ein halbes Jahr lang allabendlich trinken, abwechselnd mit Salbei- und Anistee. Bitte verwenden Sie immer nur pestizidfreie Pflanzen! Biochemiker haben Kalziumoxalatgehalt in den Blättern und Jod in den alten Trieben nachgewiesen, das für diese Art von Anwendung hervorragend ist. Am besten ist es, Efeu in der Zeit des Wassers und Holzes zu verwenden, nämlich im Winter und Frühling. Die Medizin kennt Efeu seit Jahrhunderten als Nerventonikum und Adstringens, als Mittel zur Stärkung, bei Ischias-Beschwerden und Husten.

Übrigens: Überkreuzte Beine drücken Gefäße im Becken ab. Das schränkt die Durchblutung der Beine und des Genitaltraktes ein - die Beine werden schneller kalt. Wenn Sie viel am Computer arbeiten, legen Sie beispielsweise eine Korkplatte unter die Füße, nehmen Sie regelmäßig ansteigende Fußbäder und einmal wöchentlich ein Salzbad, um den körperlichen Streß, den die Arbeit am Computer auslöst, abzubauen. Schöne Beine resultieren auch aus einem freien Iliosacralgelenk (Darmbein-Kreuzbein-Gelenk). Sind an Ihren Schuhen beide Absätze gleichmäßig abgelaufen oder auf einer Seite mehr? Sind beide Beine gleich lang? Wenn Sie auf dem Bauch liegen, können Sie dann beide Fersen gleich weit an den Pomuskel heranziehen? Wenn nein, so lassen Sie einen Orthopäden oder Physiotherapeuten nach Ihrem Iliosacralgelenk schauen. Ihre Beine werden in den meisten Fällen mit wenigen Handgriffen und nach kurzer Zeit wieder gleich lang, und Sie fühlen sich von manchen Leiden befreit. So werden auch die Knie- und Fußgelenke geschont.

Ein schöner Gang hängt nicht nur von schönen Beinen ab, sondern auch von guten Schuhen. In zu engen und zu hohen Schuhen wird der Gang ein Krampf, und damit nicht gerade sexy. Die Muskeln verspannen sich und der Gesichtsausdruck wird leidend. Es resultieren daraus häufig der „Hallux valgus“, der Beginn von schmerzhaften Hammerzehen und Schmerzen im Lendenwirbelsäulen- und Kopfbereich.

Deshalb sollten Sie folgenden Rat beherzigen: Tragen Sie bequemes Schuhwerk und wechseln Sie die Schuhe über den Tag. Wer zu Hause auf Steinboden läuft, sollte fußgerechtes Schuhwerk tragen und auf „haltlose Hausschuhschlappen“ verzichten.

Methoden wie Tanzen, Taichi, Qigong, Stretching, Ausdauerlauf, Schwimmen und die kaiserlichen Verjüngungsübungen tragen zu straffem Gewebe und Geschmeidigkeit in den Bewegungsabläufen bei.

Beauty Feng Shui-Tip

Streichen Sie mit beiden Händen auf der Yang-Außenseite der Beine zu den Füßen hin abwärts und über die Innenknöchel zum Bauchnabel wieder hoch. Am Rücken neu ansetzen und mit den Knöcheln der Finger fest die Nierengegend abwärts rotierend massieren, dann über die Hüftgelenke, Beine und Füße wieder aufwärts streichen. Die Übung fünfzigmal wiederholen und dabei immer beim Abwärtsstreichen aus- und beim Hochwärtsstreichen einatmen.

7. Säule der Schönheit:

Die Acht Lebensregionen des Gesichts

1. Die Lebensenergieregion

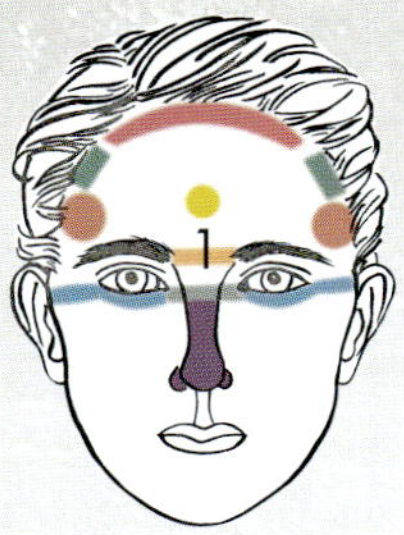

Schauen Sie sich im Spiegel einmal die Region zwischen Ihren Brauen an. Sehen Sie auf einen anderthalb bis zwei Finger breiten, weiten, glatten und ebenen Bereich? Dann sind Sie sicher von Wohlstand und Energie gesegnet. Schminken Sie sich diesen Bereich weit und hell, das verstärkt die Anziehung von Wohlstand und Energie. Haare zwischen den Brauen weisen auf einen kleinlichen und nachtragenden Menschen hin. Wahrscheinlich zupfen sich die Frauen deshalb in fast allen Regionen dieser Erde die Haare in diesem Bereich. Soll man bestimmte Merkmale etwa nicht auf Anhieb erkennen? Natürlich können Sie die Haare zupfen, um sich Ihre Region weit und hell zu erhalten. Aber ändern Sie am besten auch Ihre Einstellung gegenüber anderen und üben sich in Vergeben und Großzügigkeit.

Falten zwischen den Brauen können harte Arbeit andeuten. Tiefe Furchen, daß man das Elternhaus oder sogar das Land früh verläßt. Meistens handelt es sich aber um Sorgenfalten. Überdenken Sie Ihr Leben. Worüber machen Sie sich Sorgen? Was macht Ihnen immer wieder Sorgen? Lösen Sie Ihr Problem. Es ist der beste Weg sich Gesundheit und Schönheit lange zu erhalten und überprüfen Sie die Ernährung hinsichtlich des Erd-Elementes und praktizieren täglich die Verjüngungsübungen.

2. Die Antriebsregion

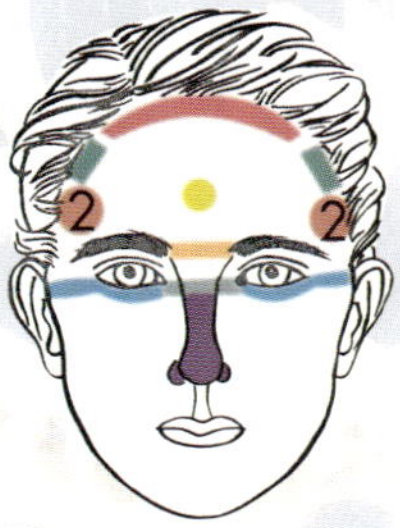

Im Feng Shui ist die rechte Gesichtsseite die, der Hilfen durch andere und die linke die Seite des Wissens, um das wir uns selbst bemühen. Wenn diese Regionen rund und glatt sind, dann verbrauchen wir nicht unnötig viel Kraft, um unsere Lebensziele zu verwirklichen. Schminken Sie sich diese Gegend etwas heller im Gegensatz zur Wangenknochenpartie, damit sie weiter und runder erscheint.

Die acht Regionen sind:

1. Lebensenergieregion
2. Antriebspunkte
3. Elternregion
4. Wohlstandsregion
5. Freundschaftsregion
6. Karriereregion
7. Gesundheits- und Kraftregion
8. Liebesregion

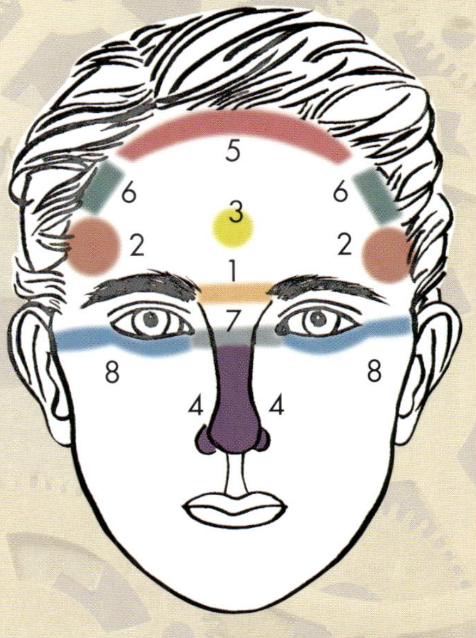

3. Die Elternregion

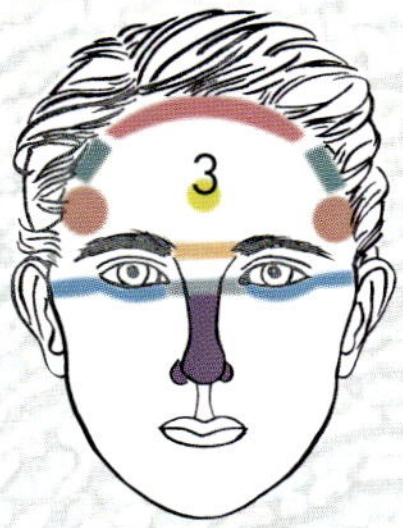

Unterhalb der Freundschaftsregion befindet sich die Elternregion. Es ist von Vorteil, wenn die Stirn auch in diesem Bereich wohl geformt ist. Man kann diese Region kultivieren, indem man seine Eltern achtet und ihnen Respekt und Ehre entgegenbringt. Frieden mit den Eltern zu haben, ist eine Vorbedingung für die reibungslose Erfüllung der eigenen Lebenspläne. Feng Shui sieht mehr als das: Wenn die Stirn wohlgeformt ist, dann lädt man das Glück ein, das sich aus eigenem Bemühen, Elternglück und Hilfen von anderen zusammensetzt. Wenn Sie möchten, so können Sie mit der entsprechenden Frisur der Stirn eine solche Form geben. Sie können sich gesund ernähren, Zucker meiden und sich das Stirnrunzeln abgewöhnen. Stellen Sie sich einen lächelnden Buddha vor und es wird Ihnen leichter fallen, dieses Gesicht des Friedens zu bewahren.

4. Die Wohlstandsregion

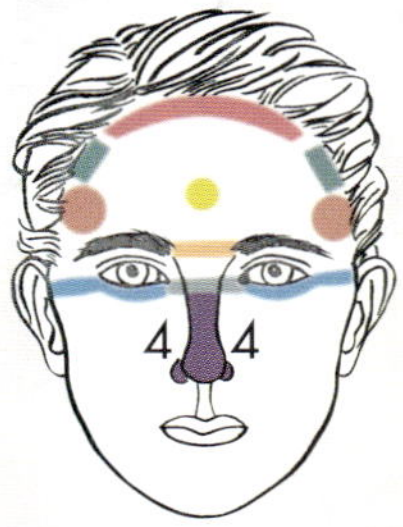

Die Nase zeigt sprichwörtlich an, ob man einen guten Riecher fürs Geld hat oder nicht. Die Meister des *Siang Mien* sind sich einig: wer eine breite Nase hat, wird viel Geld aufnehmen, wer eine schmale hat und dazu noch sichtbare Nasenlöcher wird leicht Geld verlieren. Wer aber an der Nasenwurzel eine breite Nase hat, der wird in seinem Leben ebenso reich beschenkt werden. Ist sie durch Pusteln, Falten und Höcker nicht ansehnlich, dann wird man Menschen begegnen, die ihre Schulden nicht begleichen und säumig bleiben könnten. Die Form der Nase ist aber nicht nur ein Ergebnis einer Erbanlage, sie wird auch durch die Lebensweise geformt. Bläuliche Nasen zeigen Sauerstoffmangel und mitunter auch niedrigen Blutdruck an. Sie können allein durch Ihre gesunde Lebensweise Farbe und Hautbeschaffenheit ändern. Pudert man die Nase heller als die Gesichtsfarbe, dann nimmt man sie aus dem Blickfeld.

5. Die Freundschaftsregion

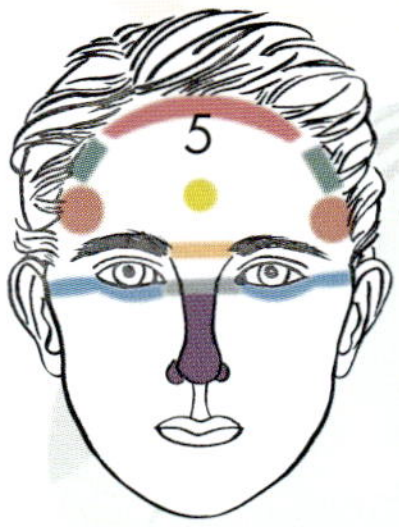

Eine gut geformte runde Stirn und ein hoch sitzender, gleichmäßiger Haaransatz sind beste Anzeichen einer guten Beziehung zu anderen. Leicht wird man Freunde gewinnen und man sollte seine Stirn auch ruhig zur Geltung kommen lassen und seine Frisur entsprechend richten. Sind die Ecken behaart, wird man eher bedürftigeren, armen Leuten helfen.

6. Die Karriereregion

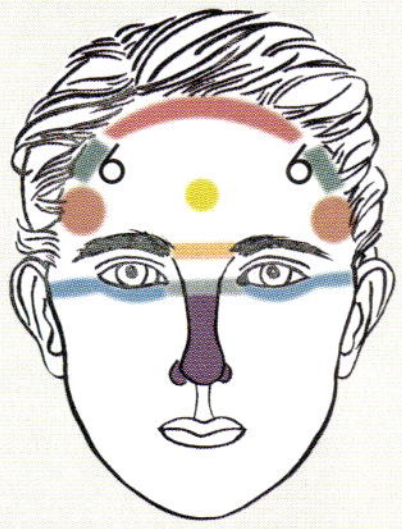

Eine gute Karriereregion ist rund und wohlgeformt. Sie ist das Ergebnis einer guten Balance zwischen Tun und Innenschau, zwischen Ruhen und Arbeiten, zwischen Yin und Yang. Sie ist aber auch dann als faltenfrei zu erkennen, wenn man tierische Produkte meidet, sich nicht überernährt, Zucker meidet und seine Leber nicht mit Stoffwechselmüll überlastet. Letzteres kann ein Ergebnis von denaturierten Nahrungsstoffen sein. Meiden Sie Konservenwaren, selbst Tiefkühlkost und Konservierungsstoffe. Kaufen Sie biologisch versorgtes Obst und Gemüse, gehen Sie vor Mitternacht zu Bett und tun Sie etwas gegen die Sorgen, die Sie sich womöglich machen. Es gibt immer eine Lösung!

Ist die Stirn in einem noch nicht so vollendeten Zustand, dann kann man sie auch mal mit Rouge abdecken und matt abpudern.

Lächeln Sie, denn das verlagert die Aufmerksamkeit zum Mund. Auch strahlende Augen können den Blick „ablenken". Wußten Sie schon, daß die Karriereregion mit der Wohlstandsregion in Verbindung steht?

7. Die Gesundheits- und Kraftregion

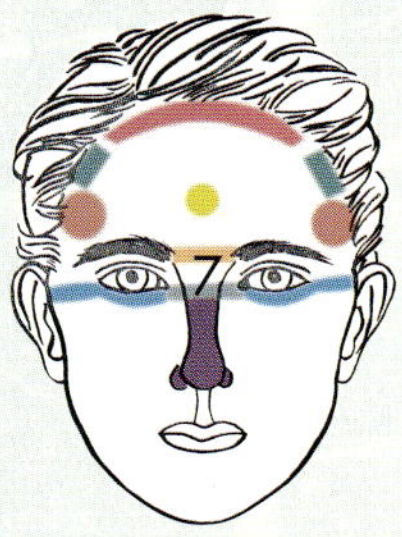

Zwischen Nasenwurzel und Augenregion liegt der Kraftbereich. Ist diese Region weit und flach, wird man eine gute Gesundheit haben. Falten in dieser Region können vermieden werden, indem man Einfühlungsvermögen zeigt, sich seine gesunde Urteilskraft bewahrt und Alkohol meidet. Je schmaler der Nasenrücken ist, um so eher sollte man sich um eine gesunde, ausgeglichene Lebensweise bemühen. Auch hier gilt: Schminken Sie sich die Nase so, daß sie sich harmonisch in das Gesamtbild Ihres Gesichtes einfügt. Denn mit ein paar Handgriffen können Sie eine zu breite Nase mit etwas dunklerem Puder auf dem Nasenrücken verschmälern und eine zu enge Nase mit hellem Puder oder Rouge verbreitern.

8. Die Liebesregion

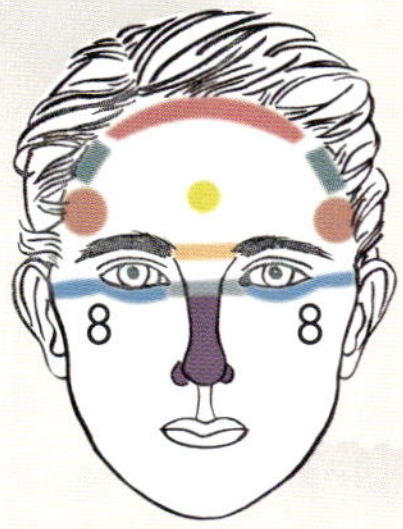

Die kleinen Fältchen am unteren Augenlid zeigen Ihnen bis zum Haaransatz hin die Liebesregion an. Betrachten Sie einmal die kunstvoll geschminkten Frauen bei der Aufführung der Peking-Oper: Die Liebesregion ist mit Sicherheit ganz betont farbig bis zum Haaransatz hin geschminkt! Bei den arabischen Frauen wird ein besonderer, schwarzer Puder zur Betonung der Augen genommen, der weit nach außen geführt wird, um die Größe der Augen noch zu betonen. Dieser Puder ist gleichzeitig gegen Insekten eine hervorragende Abwehr und beugt Entzündungen vor. Aber auch die asiatischen Frauen betonen die Liebesregion, indem sie sich „Mandelaugen" schminken. Je nach Kulturkreis werden so die „Lockrufe" ausgesendet. Ab dem 35. Lebensjahr bilden sich, laut der alten Meister, kleine Fältchen, was ganz normal sei. Wenn wir uns aber mehr vor Licht und Sonne schützen würden, so könnten wir diese Fältchen noch lange vermeiden. Aber auch die Enttäuschungen in der Liebe werden hier angezeigt. Zählen Sie einmal die Anzahl der Fältchen, so viele Liebesbeziehungen hatten Sie wahrscheinlich!

Die Region unter den Augen sollte freundlich und hell sein. So sind auch die Beziehungen harmonisch. Wenn man sich diese nun übermäßig schwarz schminkt, so kann das ein unharmonisches Liebesleben anzeigen. Üben Sie sich in Geduld, Loyalität, geistiger und körperlicher Übereinstimmung mit Ihrem Partner, so wird diese Region noch lange schön bleiben.

8.

Säule der Schönheit:

Der Garten- Die Oase der Schönheit

Yin und Yang des Gartens

Die Ruhe des Gartens: Yin

Natürlich müssen Sie keinen eigenen Garten besitzen, um in den Genuß der 8. Säule der Schönheit zu kommen. Ziehen Sie auf die Wiese, in den Wald oder in die Parkanlagen und tanken Sie die Ruhe - das Yin.

Ruhe, Vogelgezwitscher, eine grüne Wiese, ein Sessel mit dicken Polsterauflagen - sich Ruhe gönnen und relaxen - ist eine wesentliche Beauty Feng Shui-Maßnahme.

Am besten labt man sich bei einem Spaziergang an den blauen und grünen Farbtönen - den Farben der Ruhe. Falten entstehen in erster Linie durch Anspannung! Wenn Sie Yin-Farben und Ruhe wählen, so wählen Sie das Straffungsprogramm, die innere Regeneration für Ihre Schönheit. Entweder haben Blumen kühle Yin-Farben, oder aber die Polsterauflagen, die Tischdecke oder der Gartenschirm. Alle Pastelltöne, zartes Rosé, bis helles Lila, zartes Gelb oder himmlisches Blau - sie alle tragen dazu bei, den Yin-Charakter eines Gartens zu verstärken. Laubbäume, am Boden kriechende Pflanzen (sog. Bodendecker) und Sträucher mit samtweichen Blättern bringen Yin. Wollen Sie etwas pflanzen, das den Yin-Charakter verstärkt, so sind alle Gemüsesorten gut, die unter der Erde wachsen, wie Möhren, Rettiche oder Kartoffeln. Alle Ruhezonen, die Liegestühle, Sitzbänke und Gartenstühle beinhalten, sind reines Yin, genauso wie Hängematten oder Decken auf der Wiese. Selbst die Sitzgruppe an und für sich ist Yin im Verhältnis zum Sonnenschirm, der Yang ist. Deshalb fühlt man sich auch so wohl, wenn man einen Schirm oder eine Markise als Ausgleich zur Yin-Sitzgruppe hat. Yin kann im Garten durch Ruhebereiche, Mulden, Sitzvertiefungen, dunkle Farben, schattige Plätze und das stille Element Wasser eingebracht werden. Selbst bei sommerlicher Hitze muß der Garten schattige Plätze des Yin aufweisen. In einem Pavillon oder auf einem Platz unter einem schattenspendenden Baum wird man die Qualität von Yin finden. Schöne Steinfiguren, die Kraft und Beschaulichkeit vermitteln, können ebenso zum Ruhetanken im Garten eine zentrale Rolle spielen.

Die Anregung des Gartens: Yang

Yang-Energie in den Garten zu bringen, ist relativ einfach: Verstärken Sie die Farben, greifen Sie beispielsweise zu starken Rottönen und zu Weiß. Ein Springbrunnen mit klarem Wasser und hoher Fontäne besitzt viel Lebenskraft, zieht Chi an und ist starkes Yang. Immergrüne Gewächse, wie beispielsweise Buchsbaum und Tanne, sind Yang und regen die Energie des Gartens an.

Im Gemüsebeetbereich zählen alle Pflanzen, die über der Erde wachsen, zum Yang, wie beispielsweise Bohnen, Erdbeeren, Stachelbeeren und Gurken.

Im Feng Shui des Westens geht es darum, sich mit den Kräften des Yin und Yang zu versöhnen und in einer wohltuenden Einheit zu leben, um daraus Kraft zu schöpfen. Die Chinesen wußten schon vor 5000 Jahren, daß der Garten ein Ort für Geist und Seele ist, ein Abbild des kosmischen Geschehens und irdischer Verbundenheit.

Harmonie des Gartens

Ein chinesisches Sprichwort sagt: Wenn wir einen Pavillon haben, besitzen wir einen Garten.

Der chinesische Garten besteht aus vier Elementen: dem Pavillon, den hochaufgetürmten Felsen, dem Wasser und erst an vierter Stelle den Pflanzen. Den Chinesen kommt es nicht in erster Linie auf die Anordnung von Pflanzen an, sondern auf die Darstellung des kosmischen Chi. Sie kontrastieren Helles mit Dunklem, Hartes und Starres mit Weichem und Biegsames, Kleines mit Großem und Rauhes mit Glattem. In einer schier endlosen Reihe könnte man die Gegensätze aufzählen, und das alles zu einem Zweck: das dynamische Gleichgewicht zwischen Yin (fließend, vorübergehend, weiblich) und Yang (solide, permanent, maskulin) aufzubauen. Massive Felsen (Yang) erheben sich neben stillem Wasser (Yin). Üppige Gräser sprießen aus Öffnungen glatter Steine. Ganz bewußt spielt der chinesische Gärtner im Sinne der Harmonie mit Überraschungen, denn er weiß, daß sich gelegentlich das Bild von Yin und Yang umkehrt, beispielsweise wenn über die glatte Fläche des Sees der Wind bläst und Wellen und Rauheit erzeugt - den Yangcharakter des Wassers, oder wenn die Schatten (Yin) den harten Fels (Yang) umspielen. Kunstvoll geschnitzte Rahmen oder runde und achteckige Öffnungen in Mauern geben einen Bildausschnitt einer wohlkalkulierten Energieansammlung frei, so daß man begeistert über die Harmonie der Natur ist.

Der Garten dient im Feng Shui zunächst der Nahrung des Herzens und der Beruhigung des Geistes. Von Gärten sollen heilende Wirkungen ausgehen. Der Zusammenhang von Yin und Yang soll im Garten voll ausgeschöpft werden: das Wechselspiel von Licht und Schatten, von Stille und Geräuschen, von ruhigem und plätscherndem Wasser, von schönen Düften und von Farbspielen.

Sogar und erst recht im Garten können Sie die Düfte anbauen und geniessen. Sollten Sie Thymian, Salbei und Rosmarin zu Rosensträuchern pflanzen, werden Ihnen die Düfte einen rosigen Teint und ein bezauberndes Lächeln der Freude schenken. Durch Bewegung wird der Duft auf den Energiebahnen transportiert und mit positiven Eindrücken gekoppelt. Das olfaktorische Gedächtnis verknüpft zudem bestimmte Düfte mit lebensförderlichen Energien und Weisheit.

Die Schönheit im Außen spiegelt sich im Inneren!

Wege im Garten

> „Fürchte dich nicht vor dem langsamen Vorwärtsgehen, fürchte dich nur vor dem Stehenbleiben."
>
> Chinesisches Sprichwort

Gerade Wege sind wie Pfeile, auf denen das Chi zu schnell fließt. Die Wege im Garten sollten wie gewundene Bäche laufen. Lange Wege bedeuten langes Leben, kurze Wege ein entsprechend kürzeres Leben. Wege haben die Aufgabe der Führung. Der Betrachter soll von einem interessanten

Punkt zum anderen geleitet werden. Die Mitte des Gartens sollte frei sein, um der Energie, dem universalen Chi, einen Raum, sozusagen einen „Landeplatz", zu bieten.

Wege können eine hervorragende Feng Shui-Lösung sein, um eine fehlende Hausecke oder gar einen ganzen Bereich zu ergänzen. Legen Sie in solchen Fällen den Weg so an, daß er zum fehlenden Bereich führt. Er sollte keinesfalls „tot" sein, d.h. in einer Sackgasse enden. Geschlängelte Wege sind im Feng Shui eindeutig vorteilhaft.

Bäume, Sträucher und Blumen

Alle Pflanzen und Bäume haben eine symbolische Bedeutung. So stehen zum Beispiel die Chrysantheme und der Bambus für die Langlebigkeit. Granatäpfel gelten wegen ihrer vielen Kerne als Fruchtbarkeitssymbol, die Pflaumenblüte steht für Mut, die Frucht für Gesundheit. Tanne, Bambus und Pflaumenblüte zählen zu den drei „Winterfreuden".

Ein chinesischer Garten ist wie ein Gedicht: Poesie und Kreativität, das Spiel von Yin und Yang, von irdischen und kosmischen Kräften, der Mensch, der hier wandeln und sich erfreuen kann. Das Ziel ist: das Kleine im Großen und das Große im Kleinen.

Nicht die Größe ist entscheidend, auch nicht die Seltenheit und Vielfalt der Pflanzen. Je kleiner der Garten ist, desto sparsamer sollte er bepflanzt werden. Steine und Wasser können im Feng Shui-Garten zusammen mit wenigen Blumen eine vollendete Harmonie schaffen.

Schön soll der Garten sein, aber nicht prunken. Natürlich soll er aussehen, wie von der Natur selbst erschaffen. Schönes und Häßliches sollen voneinander getrennt sein, die Formen das Auge und den Geist beruhigen und leiten. Welch eine schöne Vorstellung!

Die Pflanzen

Tatsache ist, daß der Mensch jährlich Milliarden Tonnen Pflanzen konsumiert und alles, was den Menschen am Leben erhält, zum größten Teil von Pflanzen stammt. Mensch und Tier stehen in absoluter Abhängigkeit zur Pflanze. Die pluspolig orientierte Pflanze (Yang) wird vom minuspolig orientierten Menschen (Yin) benötigt. Beide stehen in terrestrischer und jahreszeitlicher Beziehung zueinander, bestimmt durch die kosmischen Rhythmen wie Tag und Nacht und insbesondere dem Mondrhythmus.

Aber nicht nur, indem der Mensch Pflanzen konsumiert, sind diese für sein Wohlbefinden von Bedeutung, auch ihr Anblick, ihr Duft und ihre magischen Kräfte sind für ihn ebenso wichtig.

Beauty Feng Shui rät, in die Natur zu gehen, um dort Schönheit zu tanken! Tanken Sie:

Flieder für den Wohlgeruch,
Forsythie für die Lebenskraft,
Jasmin für die Fülle des Lebens,
Bambus für das lange Leben,
Chrysantheme gegen trockene Haut
und Entschlußkraft,
Kürbis gegen üble Gedanken,
Magnolie für die Schönheit,
Rosen für die Liebe,
Orchidee für die Schönheit,
Oleander für die Empfänglichkeit,
Fruchtbarkeit und Schönheit.

Bäume der Kraft

Jeden Frühling erblühen Pfirsich- und Pflaumenbäume. Doch wer kann im nachhinein ihren Duft und ihr Aussehen schätzen? Such nach einem Lebensplatz im Wald mit fließendem Gewässer, wo der Anblick eines Berges dein Herz erfreut.

Aus dem Shen Shu von Zhuge Liang

Bäume geben Kraft. Um diese Kraft aufzunehmen, können Sie unter ihnen sitzen, sie umarmen, aber auch das Holz von einem Spaziergang mit nach Hause nehmen.

Das können Bäume für Sie tun:

Die Kastanie

Die Kastanie hilft Selbstvertrauen zu gewinnen, inneren Frieden zu finden, verlorene Kraft zurückzugewinnen und seelische Wunden zu heilen. In der Rinde der jungen Zweige ist Aesculin enthalten, das anregend auf den Stoffwechsel wirkt, die Durchblutung fördert und bei Venenleiden hilft.

Die Linde:

Bei seelischem Schmerz suchen Sie am besten eine Linde auf. Sie bringt Kopf und Herz wieder in Einklang. Insbesondere mit Liebeskummer können Sie sich gut an die Linde wenden. Ein Tee aus Blüten ist schleimlösend und hilft zu entspannen.

Die Esche:

Wenn Sie verwirrt sein sollten, dann gehen Sie zur Esche. Sie sorgt dafür, daß Klarheit in Ihre Gedankenwelt kommt, Sie zielstrebig und willensstark werden, Sie dann besser Ihre Lebensaufgabe verwirklichen können. Ein Tee aus den Beeren der Esche hilft der Reinigung des Körpers, wirkt entschlackend und macht schön.

Die Buche:

Die Energie der Buche spüren Sie noch in circa fünfzehn Metern Entfernung je nachdem, wie groß der Baum ist. Die Buche vertreibt auf der energetischen Ebene die Schwermut der Seele und wirre Gedanken. Sie harmonisiert das Gemüt und hilft Streß abzubauen.

Legen Sie sich die Blätter auf die Stirn, um Ihre Gedanken zu klären. Zur Entwässerung können Sie sich auch einen Tee aus den Blättern bereiten.

Die Haselnuß:

Sie inspiriert und hilft, Weisheit zu erlangen. Legen Sie sich doch einmal in einen Kreis von Haselnußsträuchern oder Bäumen! Sie bilden einen magischen Kreis, der Sie schützt und Ihnen zu neuen Inspirationen verhilft.

Der Holunder:

Bringen Sie die Holunder-Zweige nicht ins Haus! Verwenden Sie aber die Beeren für Holunderbeerengelee und essen Sie Pfannkuchen mit diesen Beeren. Sie werden spüren, daß sich Ihre weiblichen Kräfte regenerieren und Sie Glück anziehen.

Die Birke:

Mit der Birke tanken Sie Reinheit und Kraft, aber auch Nachgiebigkeit und weiblichen Charme. Ihre Blätter eignen sich hervorragend zur Zubereitung von Tee. Damit können Sie Giftstoffe ausschwemmen, was Ihrer Schönheit sicher zugute kommt.

Die Weide:

Die Weide sucht man am besten auf, wenn man innerlich verhärtet ist. Sie lehrt Nachgiebigkeit, Flexibilität und Sanftmut. Sie fördert die weibliche Schönheit, wenn man sich unter sie setzt, sie umarmt, mit ihrer Erlaubnis Zweige abschneidet und aus ihren Blättern einen Tee bereitet. Der Tee hilft, die Tränensäcke verschwinden zu lassen, indem das Wasser aus dem Körper geschwemmt wird.

Die Akazie:

Umarmen Sie die Akazie oder setzen Sie sich unter sie, damit sie Ihnen ihre wohltuende Wirkung vermitteln kann. Sie werden Stabilität und Stille, Einkehr und Frieden fühlen. Ihre Gesichtszüge werden sich nachhaltig entspannen.

Der Orangenbaum:

Der Anblick des Orangenbaums bringt Glück und hilft Verliebten ihr Glück zu halten. Verschenken Sie Glück in Form eines Orangenbäumchens oder beschenken Sie sich selbst! Der liebevolle Umgang mit anderen und sich selbst verbindet innere und äußere Schönheit wohltuend miteinander.

Der Fliederstrauch:

Der Fliedergeruch kann betörend wirken. Fliedersträucher können aber auch Streit hervorrufen, weshalb ihr Standort von entscheidender Bedeutung ist.

Vermeiden Sie, aus Feng Shui-Sicht, den Flieder im Südwesten Ihres Gartens.

Der Pfirsichbaum:

Die Früchte des Pfirsichbaumes haben nicht nur erotische Formen, sie sind auch Symbol für Schönheit und langes Leben. Essen Sie im Sommer viel davon. Ihre Verdauung und Ihre Haut werden davon profitieren!

Der Pflaumenbaum:

Pflaumen haben seit altersher ihre durchschlagende Wirkung im Verdauungssystem unter Beweis gestellt. Gerade auch in der Winterzeit sind die trockenen Früchte - in Wasser eingeweicht (das auch getrunken werden kann) und am Morgen gegessen - reinigend, die Verdauung anregend und damit Gesundheit und Schönheit fördernd.

Der Birnbaum:

Die Birnenfrucht wird in der Symbolsprache des Feng Shui für Heilungszeremonien verwendet. Gerechtigkeit, Weisheit, Gesundheit und ein langes Leben resultieren aus dem Genuß der Früchte.

Der Apfelbaum:

Unter dem Apfelbaum sollte eine Bank stehen oder im Sommer eine Decke ausgebreitet werden, um den Duft der Früchte und die Energie des Baumes aufnehmen zu können.

Die Früchte des Apfelbaumes - die Äpfel - galten als Götterfrucht und dienten Eva zur Verführung Adams. Schon in der Vorstellung vom Paradies war der Duft zum lebendigen Symbol für alles Gute, Edle, Erhabene und Schöne geworden.

Heute wissen wir nicht nur den Pektin-Gehalt der Äpfel zu schätzen, der für ein straffes Bindegewebe von ausschlaggebender Bedeutung ist. Wer viel Äpfel ißt, soll treu sein!

Die Farben des Gartens

Tanken Sie auf Ihrem Spaziergang Farben!

Die einzelnen Farbwirkungen bewirken:

Rot

Die Farbe, die Energie bringt und die Liebe wallen läßt, neuen Mut spendet und aktiv macht. Rottöne stimmen fröhlich.

Blau

Die Farbe, die beruhigt und die Konzentration fördert. Die Farbe des Himmels gibt Weite und das Gefühl der Freiheit. Das dunklere Blau vermittelt Kühle und hilft, zu sich selbst zu finden.

Rosa

Rosa ruft zarte Gefühle der Liebe hervor und besänftigt die Emotionen des Herzens. Rosatöne sind warm und einladend und werden als sehr sanft empfunden.

Grün

Grün beruhigt das Gemüt, gibt Ruhe und Gelassenheit. Lindgrün ist die Farbe der Heilung für Herz und Augen. Wenn Sie viel am Computer arbeiten, sollten Sie in die Natur gehen und Ihren Augen zuliebe Grün tanken.

Apricot

Diese Farbe verschönert das Hautbild und ist neben Orange die weiblichste Farbe.

Gelb

Gelb hilft die geistige Frische zu fördern. Gelbtöne spiegeln den Sonnenschein auf Erden wider. Gelb macht heiter und beflügelt den Geist.

Foto: Domicil

Sie sehen, Beauty-Feng Shui ist umfangreich und fließt in alle Ihre Lebensräume ein. Denken Sie daran, daß alles, was harmonisch ist, natürlich auch Ihr seelisches Gleichgewicht und damit Ihre Schönheit unterstützt.

上清
玉清
太清

Literaturverzeichnis

Altchinesische Heilungswege, Kai-Uwe Frank, Dr. Werner Jopp Verlag, Wiesbaden,1991

Der große Feng Shui Ratgeber, Olivia Moogk, Haag + Herchen Verlag, 1999

Die Macht der Farben, H. Braem, Wirtschaftsverlag Langen-Müller/ Herbig, 1987

Duft-Welt, Brigitte Rose Koller-Müller, Sempervirens Verlag, ohne Jahresangabe

Geheimsymbolik des Feng Shui, O. Moogk, Silberschnur Verlag, 1999

Handbuch der fernöstlichen Diagnose, Michio Kushi, Verlag Ost-West Bund, Völklingen, 1990

Handbuch der Materia Medica, Li Shizhen, Verlag unbekannt

Hui Chun Gong-Übungen, Monnica Hackl, Seminar

Körperdeutung, Ohashi, Bauer Verlag, 1993

La Vie en rose von Halina Heitz, Mosaik Verlag, 1998

Magie der Duftstoffe, Dr. A. Krumm-Heller, Verlag Richard Schikowski Berlin, 1955

ohne Autor, Reklameheft, Aloe Vera, das Geschenk der Natur an uns alle

Quellen chinesischer Weisheit, Konfuzius, Laotse u.a., Quellen Verlag St. Gallen,1997

Taoistisches Heilen, Chee Soo, Kösel Verlag,1989

Tao Te King, Laotse (Rudolf Backofen), Drei Eichen Verlag,1975

Unveröffentlichtes Manuskript: Traummann, wer einen hat, ist selber schuld, O.Moogk, 1995

Was Gesichter verraten, Lailan Young, Weltbild-Verlag, ohne Jahresangabe

Über die Autorin

Olivia Moogk widmet sich seit vielen Jahren dem Studium der östlichen Philosophie und der Traditionellen Chinesischen Medizin. Sie studierte in China Feng Shui und bildet fundiert auf diesem Gebiet aus. Sie ist Mitbegründerin der »International Feng Shui Association« mit Sitz in China unter Leitung von Prof. Wang. In Deutschland rief sie 1998 die »International Feng Shui Research Association« ins Leben, um die Forschung auf dem Gebiet der Deutung alter Schriften, sowie dem experimentellen Sektor zu fördern. Ihre Ausbildungs-, Beratungs- und Forschungsarbeiten sind geprägt von »Motivieren, Sensibilisieren und Führen, auf daß der Mensch wachsen und gedeihen kann«.

Olivia Moogk

FENG SHUI
Neun erfolgreiche Strategien für Gewinner

Bislang unbekannt war der Bagua-Imagery-Faktor, der Sie durch neun Bereiche des Denkens führt. Er animiert zur Innenschau und hilft bei der Umsetzung neu gewonnener Erkenntnisse.

Das bringt Sie zu dem, was wir sicher alle wollen, nämlich zum erfolgreichen Handeln auf der ganzen Linie, in allen Bereichen.

Für Neueinsteiger in das Thema, wie für professionelle Feng Shui-Consulter, liegt hier der Schlüssel zu dauerhaftem Erfolg. Ein Puzzle-Stein, der im Feng Shui das A und O ist, setzt doch bewusstes Handeln immer Bagua-Imagery voraus. Betreten Sie die neun Erkenntnisräume und sehen Sie, auf welchem Sektor Sie noch Lücken haben und wo Sie sich bereits zufrieden zurücklehnen können. Das Buch gibt Ihnen viele Inspirationen, wie Sie noch mehr Klarheit erlangen können und Hilfen für die Umsetzung im täglichen Leben.

Format: 17 x 22 cm · 178 Seiten · gebunden
zweifarbig · mit vielen Abbildungen
DM 29,90 / öS 218,- / sFr 27,50
ISBN 3-931652-54-8

Olivia Moogk

Geheimsymbolik des Feng Shui

Das Buch „Geheimsymbolik des Feng Shui" ist die erste Veröffentlichung dieser Art, die die „Taoistischen, Buddhistischen und die Acht Kostbarkeiten-Symbole" präsentiert. Die Macht der Symbole steht Ihnen zur Verfügung! Mit den Geheimsymboliken kann man Glück, Wohlstand, Gesundheit, gute Liebesbeziehungen und Kinderglück genauso anziehen wie Erfolg in geschäftlichen Angelegenheiten, Schutz und Macht.

Daß dabei Codierungen, die mit den Himmelsrichtungen zusammenhängen, eine nicht zu unterschätzende Rolle im Leben spielen können und Formen zu Resonanzen im Körperinneren führen, sollte Sie nach diesem Büchlein nicht mehr verblüffen.

Format 18,1 x 11 cm · gebunden · 108 Seiten
DM 19,80 / ÖS 145,- / sFr 19,00
ISBN 3-931 652-63-7

Neuerscheinung 2001

Olivia Moogk

Business-Feng-Shui

Erfolgreiche Geschäftsleute auf der ganzen Welt verfolgen die Prinzipien des Feng Shui, ob die „Bayrische Vereinsbank", „Siemens", die „Hongkong & Shanghai Bank" oder die „Amerikanische Handelskammer". Sie und viele andere mehr beachten die Gesetzmäßigkeiten des Feng Shui für ihr Business.

In diesem Buch werden Erfolgsgewillte in 18 leicht nachvollziehbaren Schritten erfahren, wie sie ihre Geschäfte zu großem Erfolg führen können. Dabei geht man außergewöhnliche Wege, um seine Führungsqualitäten zu optimieren, die Krankheitsrate zu senken, das kreative Potential zu wecken und Kunden anzuziehen.

Dieses Buch bedient sich einer 5000 Jahre alten Strategie, die über Selbsterkenntnis bis hin zur Raumeinrichtung ungewöhnliche Wege beschreitet und ist das erste in seiner Art, das diese alte Wissenschaft in unser modernes Denken transformiert.

Wenn Sie sich in das Thema einlesen möchten, so empfehlen wir die von der Autorin bereits erschienenen Bücher: „Die Geheimsymbolik des Feng Shui" aus dem Verlag *Die Silberschnur* und „Der große Feng Shui Ratgeber", erschienen im Verlag *Haag & Herchen.*